JEAN LAFFITTE

CORAZÓN DEL SACERDOTE, CORAZÓN DEL BUEN PASTOR

Meditaciones sobre el sacerdocio

Ilustración de portada: "La duda de santo Tomás", siglo XV, catedral de
   Ávila.

Primera edición: febrero 2026

© Autor: Jean Laffitte

Impreso en España. Printed in Spain
Depósito legal: M-6389-2026
ISBN: 978-84-19431-68-4

Impresión y encuadernación:
   Editorial Didaskalos
   Valdesquí 16, Madrid 28023

A los seminaristas del
Holy Rosary Major Seminary,
de la diócesis de Nueva Cáceres, en Naga City,
Filipinas, y a todos los que se preparan para
ser pastores según el Corazón de Cristo.

Al Padre William Santiago.

Índice

		Págs.

PREFACIO 9

INTRODUCCIÓN GENERAL 15

I. CAMBIAD VUESTROS CORAZONES: EL CORAZÓN DEL HOMBRE Y LA LLAMADA A SU TRANSFORMACIÓN 23

II. EL CORAZÓN DE JESÚS: LA SAGRADA ESCRITURA 33

III. EL DRAMA DEL PECADO 43

IV. LAS INSONDABLES RIQUEZAS DEL CORAZÓN DE JESÚS 53

V. SACERDOTES SEGÚN SU CORAZÓN (I): «OS DARÉ PASTORES SEGÚN MI CORAZÓN» (JER 3,15) 63

VI. SACERDOTES SEGÚN SU CORAZÓN (II): «EL SACERDOCIO ES EL AMOR DEL CORAZÓN DE JESÚS». 73

Págs.

VII.   EL HOMBRE DE LA EUCARISTÍA Y DEL PERDÓN
       DE DIOS   83

       El corazón eucarístico del sacerdote.....   83
       El corazón misericordioso del sacerdote .   88

VIII. EL SACERDOTE Y LA IGLESIA   95

CONCLUSIÓN GENERAL........................   105

Prefacio

Es una alegría presentar estas meditaciones de monseñor Jean Laffitte. A Jean Laffitte me une una amistad que data de 1996, cuando predicó los ejercicios espirituales en Villaescusa de Haro a nuestra comunidad de Discípulos. Luego esa amistad se ha cultivado e intensificado en nuestro trabajo común en el Pontificio Instituto Juan Pablo II en Roma durante largos y fecundos años. Compartíamos allí la pasión por enseñar el designio de Dios sobre el matrimonio y la familia.

Estas meditaciones conservan la forma oral en que fueron pronunciadas, de modo que no pierdan su inmediatez. La ocasión concreta fue una invitación que Jean Laffitte recibió del *Holy Rosary Major Seminary*, de la diócesis de Nueva Cáceres en Naga City (Filipinas). La invitación llegó de manos del Padre William Santiago, amigo común, que dirige la pastoral familiar de la diócesis y es además vicerector del seminario.

Las meditaciones se dirigen, por tanto, a seminaristas y, por extensión, a los sacerdotes. Como tema escogió Jean Laffitte algo muy querido para él: ver el sacerdocio a la luz del Corazón de Cristo. El texto brota así de una experiencia honda, pues al principio de su ministerio el autor ejerció como director de los capellanes del santuario de Paray-le-Monial, lugar de las apariciones del Sagrado Corazón a santa Margarita María.

Late en estas páginas, por tanto, la invitación del Corazón de Cristo a contemplar este Corazón que tanto ha amado a los hombres, para que de esta contemplación surja y se acreciente en nosotros el amor a Él. Esta revelación del Corazón de Cristo la lee el autor desde su fuente bíblica, tomando como clave la apertura del costado de Jesús en la Cruz, que nos narra san Juan. Por eso estas meditaciones reservan un lugar singular al cuarto evangelio.

El lector encontrará aquí un itinerario sencillo y profundo, que recoge lo esencial de la devoción al Corazón del Señor. En el centro del libro está Jesús y está el amor de Jesús, en sus palabras y obras. Desde este amor, Jean Laffitte nos invita a contemplar nuestros pecados, siempre con la paz que nos da sabernos de antemano perdonados por el Corazón de Cristo. Y desde este amor se ilumina la misión del sacerdote, llamado a celebrar la Eucaristía y a administrar el sacramento de la Reconciliación.

Recojo dos ideas que resaltan singularmente. Por un lado, el contexto trinitario en que se presenta la devoción al Corazón de Cristo: la bondad de ese Corazón revela la bondad del Padre. Es esencial entender que Jesús nos lleva al Dios bueno; si es bueno Jesús por entregar su vida por nosotros, es bueno el Padre por entregarnos a su Hijo. La mirada al Corazón de Jesús se combina así con la mirada al Padre, de modo que no solo nos ofrecemos al Corazón de Cristo sino que, en el Corazón de Cristo, nos ofrecemos al Padre.

Vemos también en este texto un gran amor a la Iglesia, testimoniado por quien la ha servido fiel y largamente. Este servicio lo realizó el autor primero en el Pontificio Instituto Juan Pablo II —del que fue vicepresidente—, en el Pontificio Consejo para la Familia —fue el Secretario del dicasterio de 2009 a 2016— y en la Pontificia Academia para la Vida como vicepresidente, así como en su misión como Prelado de la Orden de Malta. Se percibe en estas páginas el amor a la Iglesia como Madre, no solo en su forma ideal, sino en su concreto camino histórico, Iglesia santa y siempre necesitada de reforma.

Como decía, las meditaciones se dirigen a seminaristas y sacerdotes, invitándoles a conformar su corazón con el Corazón del Buen Pastor. Pero son accesibles a todos los fieles, pues proponen un camino de configuración al Corazón de Jesús, de conversión y de santidad cristiana. Y también porque el sacerdocio no es solo un don para los sacerdotes sino, como señala el autor, para que todo fiel pueda ejercer el sacerdocio bautismal en la propia vida, ofreciéndola con Cristo al Padre. Así lo señalaba el cura de Ars, en palabras que el autor comenta largamente: «El sacerdocio es el amor del Corazón de Jesús».

No me queda sino agradecer al autor que haya confiado su texto a la editorial Didáskalos y desear que estas meditaciones ayuden a redescubrir la devoción al Corazón de Cristo, especialmente entre seminaristas y sacerdotes. Pongo el fruto en manos de María, que en estas meditaciones aparece tan estrechamente unida al Corazón de su Hijo que ambos forman un único corazón.

P. José Granados García, dcjm
Roma, 11 de febrero de 2026,
en la memoria de Nuestra Señora de Lourdes

Introducción general

El tema que he elegido para este retiro podría titularse: *En la escuela del Corazón de Cristo. Convertirse en sacerdote según el Corazón de Dios.* ¿Por qué este tema?

En un retiro, todos estamos llamados a hacer una revisión de nuestra vida para, con la ayuda de Dios, recuperar el aliento y volver a marchar con Él.

¿Qué significa hacer un examen de conciencia? Recordar la presencia del Señor en nuestras vidas (memoria); meditar y escrutar lo que constituye nuestra existencia concreta: lo que hacemos, nuestras acciones, buenas y malas, lo que queremos (nuestros deseos), lo que sentimos y experimentamos (sentimientos y emociones).

Pero no se trata solo de una introspección, como se haría en la consulta de un psicólogo; es un examen que hacemos bajo la mirada de Dios y con su ayuda. La ayuda de Dios es muy concreta: su Palabra, que escuchamos cada día; su Gracia, que recibimos en los sacramentos; la vida en la comunidad donde vivimos, con los momentos litúrgicos y todos los actos de caridad fraterna.

¿En qué consiste esta revisión y cuál es su centro?

—No es un simple análisis intelectual.

—Se refiere a nuestra interioridad, que es lo que la tradición espiritual, pero también la humana y filosófica, expresa con un término sencillo, pero muy rico en contenido: el corazón.

—Por último, esta revisión se realiza en unión con Dios, con el Señor Jesús.

Pero, antes de continuar, querría explicar brevemente algunos significados de la palabra «corazón» en la tradición bíblica y antropológica. Digo ahora «brevemente» porque tendremos ocasión de profundizar más especialmente en tal o cual aspecto a lo largo de este libro en las diversas meditaciones:

—El corazón es el centro de la vida psíquica: emociones, afectos, sentimientos, pasiones; la alegría, el amor, el celo por Dios, los sentimientos positivos, pero también los sentimientos negativos que pueden perturbar el corazón: el miedo, el terror, el resentimiento, los celos.

—El corazón es la sede de la memoria. También en este caso, los recuerdos pueden ser buenos; existe una memoria de todos los bienes que hemos recibido, y en particular la memoria de las acciones de Dios en nuestra vida que suscitan nuestra acción de gracias: "el Señor ha hecho maravillas por mí, santo es su nombre" (Lc 1,49). Pero también hay malos recuerdos que pueden obstaculizar la esperanza, el perdón y la alabanza a Dios: «si recuerdas que tu hermano tiene algo contra ti, deja allí tu ofrenda y ve primero a reconciliarte con tu hermano» (Mt 5,23-24).

—El corazón es la sede de la vida moral; en él nacen los pensamientos buenos y los pensamientos malos. Se habla de la *pureza de corazón*, de *los corazones rectos* o incluso de *los sabios de corazón*. Es el lugar de las decisiones, las resoluciones, los proyectos. Quien elige el bien se vuelve bueno y sabio de corazón.

—El corazón es el centro de la vida espiritual. Un corazón contrito, penitente y humilde se opone al corazón duro propio de quien rechaza a Dios: «Este pueblo me honra con los labios, pero su corazón está lejos de mí» (Is 29,13); «La llevaré al desierto y hablaré a su corazón» (Os 2,16).

Todos estos significados ya se encuentran en el Antiguo Testamento, en los Salmos, en los Profetas y en los Libros sapienciales (Sabiduría, Proverbios). Evidentemente, se recogen en el Nuevo Testamento, que añade nuevos significados que son decisivos para nosotros como bautizados, y más aún como sacerdotes o futuros sacerdotes.

—El corazón se convierte en el lugar de la decisión a favor o en contra de Cristo: «El que cree en su corazón que Cristo ha resucitado de entre los muertos, será salvo» (Rom 10,9).

—El corazón es el lugar de la memoria de todos los acontecimientos de la salvación obrada por Jesús: su vida, su ministerio público, su Pasión, su muerte, su resurrección y la efusión de su Espíritu Santo:

«María meditaba todos estos acontecimientos en su corazón» (Lc 2,19).

—Es el lugar del acto de fe en la persona de Jesucristo y, por tanto, del conocimiento de Dios. Según san Pablo, solo Dios puede «escrutar las profundidades del corazón del hombre» (Rom 8,27). «Todas las Iglesias sabrán que soy yo quien escudriña los riñones y los corazones» (Ap 2,23).

—El corazón es el centro de la interioridad: *el corazón es la casa de Dios*, decía san Agustín. En el corazón del justo, la Ley de Dios es respetada y honrada. El corazón del justo se adhiere a Dios y a sus instrucciones.

Tras este breve recordatorio, me gustaría insistir en que el corazón define la totalidad de la persona que piensa, siente, sufre, ama y actúa, y que lo expresa de la mejor y más completa manera posible.

Recordemos también que el corazón no miente, mientras que la inteligencia puede crear ilusiones, puede equivocarse, seguir errores. Es entonces cuando puede desviar un corazón hacia caminos perdidos y bienes parciales o aparentes, haciéndonos olvidar el objetivo de nuestro camino con el Señor.

Los sentimientos que afectan a nuestro corazón, nuestra sensibilidad, nuestra afectividad son un dato muy real que hay que tener el valor de afrontar. Los sentimientos solo engañan cuando se malinterpretan, ya sea ignorándolos, dándoles una importancia desmesurada o un sentido que no tienen.

Recordemos también y sobre todo que nuestro corazón es la sede de nuestra libertad y de la decisión por el bien (conciencia moral), por Dios, por Cristo Señor y por el prójimo.

La pregunta es sencilla: al comienzo de este retiro, ¿cuál es mi deseo? ¿Qué es lo que quiero? Y este deseo que se encuentra en lo más profundo de mi ser, ¿cómo puedo transformarlo en una decisión? A esta pregunta fundamental se suma otra relacionada con la primera: ¿Qué quiere Dios? ¿Qué desea para mí? ¿Qué espera de mí?

La respuesta a esta doble pregunta será el fruto de este retiro.

Pero comprendamos ya que solo la Gracia de Dios nos dará la fuerza y la capacidad para responderla. En la medida y de la forma que Dios quiera: visible o invisible, sensible o insensible, repentina o progresiva.

Pongámonos, pues, en las mejores condiciones para que Dios actúe: mediante un acto de fe expresado con humildad; mediante nuestra oración; mediante el silencio interior que nos hará disponibles para escuchar las inspiraciones de su Espíritu Santo. Dejemos que Dios actúe en nuestros corazones desde ahora mismo. Recemos juntos la oración de san Buenaventura para pedir los siete dones del Espíritu Santo:

Señor Jesús, así como el Espíritu de Dios descendió y permaneció sobre ti, que ese mismo Espíritu descienda sobre nosotros, ofreciéndonos sus siete dones. Primero, danos el don de la inteligencia, por el cual tus preceptos iluminan nuestras mentes. Segundo, concédenos el don del consejo, por el cual podamos seguirte por el camino de la justicia. Tercero, danos la fortaleza que nos haga capaces de defendernos de los ataques del Enemigo. Cuarto, concédenos el don del conocimiento, que nos permita distinguir el bien del mal. Quinto, concédenos el don de la piedad, que nos llene el corazón de compasión. Sexto, concédenos el temor de Dios, que nos aleje del mal y nos someta al bien. Séptimo, concédenos el don de la sabiduría, que nos haga saborear plenamente la dulzura vivificante de tu amor. Amén.

I.

Cambiad vuestros corazones: el corazón del hombre y la llamada a su transformación

Antes de comenzar esta meditación, me gustaría hacer dos pequeñas precisiones lingüísticas muy importantes, para evitar desde el principio una posible dificultad.

Primera aclaración: a menudo utilizamos el término «símbolo». No se trata de una palabra abstracta. Cuando hablamos del *símbolo del corazón*, indicamos que el corazón no se reduce solo a una definición anatómica (el músculo cardíaco, por ejemplo), ni a nuestros afectos o al amor humano, ni a la sola rectitud moral, ni a la sola vida espiritual, ni a muchos otros significados más, sino que encierra todos estos significados. La riqueza simbólica del término *corazón* se impone a todos los hombres. Cada uno de nosotros, cuando ve la imagen de un corazón, piensa en el amor, en la vida interior y en el lugar de los pensamientos y los sentimientos. El corazón es universalmente reconocido como portador de todos estos significados. Es un símbolo universal.

Segunda precisión: cuando se habla, siguiendo la tradición bíblica, de *los pensamientos del corazón*, no significa que se ignore la existencia de la mente, de nuestro cerebro, sede del pensamiento. Por lo tanto, para ser claros en este punto, digamos que los pensamientos del corazón intervienen en nosotros de manera simple, espontánea y no conceptual. Los pensamientos de nuestra mente son intelectuales, reflexivos, conceptuales, racionales o lógicos, pero los pensamientos del corazón intervienen en primer lugar, en el sentido de espontaneidad e inmediatez.

El objetivo de esta meditación es superar una dificultad real:

—Por un lado, nuestro corazón forma parte de nuestra personalidad. Expresa, como ya se ha dicho, la totalidad de lo que somos. Creemos que nos conocemos a nosotros mismos y que somos los únicos, aparte de Dios, que conocemos todo lo que conforma nuestra vida interior: nuestras alegrías y nuestros sufrimientos, nuestros pensamientos íntimos, nuestros deseos, nuestras aspiraciones y nuestros proyectos. Somos, en cierto modo, los guardianes de nuestra intimidad. Es en nuestro corazón donde experimentamos que somos verdaderamente únicos.

—Por otra parte, toda la tradición cristiana, tanto del Antiguo como del Nuevo Testamento, de los Padres y del Magisterio de la Iglesia, nos enseña que debemos convertirnos, es decir, *cambiar nuestros corazones*.

Ya veis el problema: ¿cómo convencernos de que debemos cambiar nuestros corazones? Si somos, más o menos, personas de buena voluntad, si evitamos hacer daño a los demás y somos honestos, ¿qué hay que cambiar? Añadamos a esto nuestra situación como personas que hemos elegido consagrar nuestra vida más exclusivamente a Dios, ponernos a su servicio, convertirnos en sus siervos, ministros de su Palabra y de sus santos misterios. Si hemos hecho esto, o si nos estamos preparándonos para hacerlo como seminaristas hoy y sacerdotes mañana, ¿qué hay que cambiar en nuestros corazones? ¿No hemos hecho lo esencial? Si el Señor Jesús y su Iglesia nos exhortan a cambiar nuestros corazones, debemos rendirnos a esta evidencia: sí, nuestros corazones siempre necesitan cambiar, ser transformados.

En primer lugar, examinaremos más a fondo qué es el corazón del hombre.

Para ello, cuando examinamos nuestro corazón, es útil distinguir sus actividades. Si lo deseáis, para simplificar, diremos *el corazón activo* y su estado *pasivo*:

—El *corazón activo* se refiere a la forma en que reaccionamos ante los acontecimientos externos: las palabras que nos llenan de alegría o de pena, los deseos de entrar en contacto con los demás, lo que queremos, decidimos o emprendemos. Por ejemplo, un día decidimos entrar en el seminario y luego dar el paso decisivo de convertirnos en diáconos por llamada de la Iglesia, para finalmente convertirnos en sacerdotes al servicio del Pueblo de Dios. Otros sintieron el deseo de casarse y formar una familia.

El corazón activo es una respuesta de nuestra voluntad a una llamada interior, a una solicitud que exige un compromiso. Por ejemplo, el hombre reconoce la llamada a casarse y fundar una familia cuando descubre a la persona que encarna por sí sola su deseo de realizar ese proyecto. Es el surgimiento de un acontecimiento, que llamamos amor, en el sentido pleno de la palabra, y que compromete una respuesta de toda la existencia. La vocación de una persona consagrada, en la forma que sea, variable de una persona a otra, supone el surgimiento de otro amor que supera y abarca a todos los demás, el amor de Dios, a través del encuentro con la persona de Jesucristo.

—El *corazón pasivo* representa lo que hay en nosotros de más constante, nuestra psicología, todo lo que entra en el ámbito de lo que san Pablo llama la vida psíquica (*psychikos*). La psicología es siempre compleja, es decir, está formada por varios elementos que, en conjunto, conforman nuestra personalidad. Cuando pensamos en personas con un carácter feliz y armonioso, significa que todos los elementos de su personalidad se articulan de manera equilibrada o pacífica.

Como sabemos, este conjunto puede ser a veces motivo de sufrimiento o de trastornos. A veces, nuestra psicología nos impide actuar, se convierte en un obstáculo que nos impide realizar nuestro corazón activo más allá de nuestra interioridad. Están, por ejemplo, nuestras impaciencias, nuestros sentimientos de ira, nuestros miedos, los deseos de la carne, nuestros celos, nuestra maldad. En la vida espiritual, esto es una cuestión seria.

Eso sí, cuidado con el pesimismo o el rigorismo moral. Nuestra psicología también tiene riquezas que influyen positivamente en nuestra vida espiritual. Así, «el hombre fiel en las cosas pequeñas se mostrará fiel en las grandes» (Lc 16,10).

Además, y afortunadamente, cuando encontramos obstáculos, como nos sucede a menudo, no estamos solos ante esas dificultades. Veremos cómo «el Espíritu Santo de Dios viene en ayuda de nuestra debilidad», como dice san Pablo en su Carta a los Romanos (Rom 8,26), y restablece los grandes equilibrios interiores de nuestro corazón. El Espíritu Santo reorienta nuestro corazón hacia lo esencial, hacia el bien y hacia Dios.

En cuanto a lo esencial, recuerdo el consejo que nos daba el gran santo Juan Pablo II cuando nos pedía a nosotros, que en aquel entonces éramos profesores de su Instituto de Estudios sobre la Familia, que enseñábamos sobre el amor humano, la vida conyugal o la vida consagrada: *debéis partir siempre de las grandes preguntas que están en el corazón del hombre*. A continuación, detallaba: *el deseo de amar y ser amado, las preguntas sobre la vida y la muerte, y en particular sobre la vida después de la muerte con motivo de la pérdida de seres queridos, la existencia y la presencia de Dios en nuestras vidas, el deseo de ser útil, el sufrimiento, el problema del mal*. Esto os da una idea de las cosas esenciales que habitan en nuestro corazón.

Como comprenderéis, *lo esencial* se opone a *lo superficial*. Y, como experimentamos cada día, a menudo nos vemos sepultados bajo innumerables cosas superficiales. Por otra parte, existen dificultades propias de nuestro tiempo (como la adicción a Internet, a las redes sociales, a la vida digital...) de las que hablaremos más adelante. Entendamos desde ahora que debemos volver regularmente a lo que es esencial en nuestro corazón. Ese es el objetivo de estas páginas.

Al término de esta meditación, volvamos a situarnos ante lo único esencial de nuestra vida, con la ayuda de san Agustín. Él realizó sistemáticamente, durante varios meses, una vuelta a su corazón. Lo hizo en sus *Confesiones,* que son una lectura muy profunda y muy amplia a la vez sobre su vida interior y sobre sus acciones buenas o malas.

Sin duda conocéis su oración, que se ha hecho muy popular:

Nos hiciste, Señor, para Ti,
y nuestro corazón está inquieto hasta que descansa
    en Ti.

Aspiramos al descanso en Dios, pero vivimos en un estado *de inquietud* (en el buen sentido de la palabra).

Nuestro corazón, decía este gran santo, es un *corazón inquieto* (*cor inquietum*).

Entonces, al final de esta primera conversación, le pediremos al Espíritu Santo que nos muestre lo que realmente ocupa nuestro corazón, lo que lo inquieta. Veamos algunas indicaciones para este sencillo ejercicio que puedes realizar ante el Santísimo Sacramento o en el silencio de tu habitación.

—No tengas miedo: cuando el Espíritu Santo nos purifica, siempre lo hace con un amor infinito.

Por lo tanto, no temas. Comienza tu reflexión con la breve invocación: *Señor, confío en Ti* (*confido Tibi, Domine*). Puedes repetir esta oración tantas veces como quieras a medida que revisas tu vida.

—Para no olvidar lo que te viene a la mente, no dudes en escribirlo.

—Comienza simplemente alabando y dando gracias al Señor por todo lo que ha hecho en tu vida, por ejemplo, recitando el *Magníficat* o un salmo de tu elección.

—Solo entonces examina y anota los puntos que debes corregir, sin dramatizar.

—No te detengas demasiado en este ejercicio y, en particular, entrega al Señor los sentimientos (positivos o negativos) que puedan invadirte.

—Tranquiliza tu mente y tu corazón: dile a Dios que Él es el dueño de tu vida y que crees que puede transformar tu corazón a lo largo de estas meditaciones.

El Corazón de Jesús: La Sagrada Escritura

Examinar nuestro corazón es un ejercicio excelente para comprender lo que ocurre en nuestro interior, incluyendo todas las dinámicas y movimientos de nuestra vida psicológica, moral y espiritual. Pero esto no es suficiente. Debemos intentar conocer otro corazón, el Corazón de nuestro Dios, lo cual solo es posible mediante el conocimiento del Corazón de nuestro Señor Jesús.

Antes hay que hacer una pequeña observación: una de las mayores alegrías de nuestra existencia humana es descubrir el corazón de otra persona, aprender a conocerlo. Así es como se nos introduce en esta elevada experiencia del amor en sentido amplio, que es siempre el encuentro de dos corazones. Solo se conoce verdaderamente a alguien cuando se tiene acceso a lo que encierra su corazón y que él quiere revelarnos.

Podríamos desarrollar esto pensando en el fenómeno del amor humano y en todas las expresiones del amor en general, como la amistad, la caridad fraternal y las relaciones familiares. A lo largo de la formación de un sacerdote hay tiempo de sobra para leer a los autores que mejor han hablado del amor. Pienso en San Agustín y Santo Tomás de Aquino, en Elredo de Rieval, en Dietrich von Hildebrand, C.S. Lewis y tantos otros. Hay tiempo también para descubrir en el arte las expresiones más bellas del amor, que es la fuente de inspiración más fecunda de la creación artística.

Hecha esta observación, se nos invita ahora a considerar el Corazón de nuestro Dios. Es un primer giro fundamental en nuestro retiro. Si queremos conocer mejor a Dios, debemos mirar lo que encierra su corazón. Dios tiene un corazón. En nuestra fe cristiana, sabemos que Dios ama e incluso que Dios es Amor: *Deus caritas est* (1Jn 4,8) Esta es la gran revelación cristiana: Dios no solo es Todopoderoso, sino también Amor infinito, sin límites. Él es el Amor que crea todas las cosas y que recrea a sus criaturas mediante el don de su Espíritu Santo. Ama hasta tal punto de que es capaz de destruir la muerte y vencer el pecado y el mal para introducir a aquellos a quienes ama en la vida eterna.

Sabemos esto por la fe que profesamos, vosotros y yo. Sin embargo, estas reflexiones son una invitación a dar un paso más: descubrir que Dios nos ama personalmente, a cada uno de nosotros. Recuerdo a un amigo que falleció recientemente y que dejó escrito un libro sobre su compromiso cristiano. Era un hombre que había dedicado su vida a dar a conocer a los hombres el Amor de Dios, lo que se llama evangelización. En su libro encontré este breve testimonio: *desde mi más tierna infancia supe que Dios era bueno*. Qué extraordinario y qué sencillo a la vez. Cada uno de nosotros debería repetirse sin cesar que Dios es verdaderamente bueno, que es el Amor. Nuestra fe personal se centra en este punto: creemos en un Dios que nos ama personalmente y nos salva.

Al comenzar esta meditación, hemos hablado del Corazón de Dios. Intentemos descubrirlo en el

Corazón de Su Hijo Jesús. Es Jesús mismo quien ha llamado nuestra atención sobre su corazón. Por supuesto, cuando decimos que Jesús es verdadero Dios y verdadero Hombre, esto indica que, como hombre que comparte nuestra naturaleza en todas las cosas excepto en el pecado, tenía un corazón. Pero este corazón contiene algo especial: encierra todos los tesoros de amor y gracia que hay en Dios. Este corazón tiene algo que enseñarnos, que revelarnos, que ofrecernos. Este es el sentido de las palabras de Jesús: «Cargad con mi yugo y aprended de mí, que soy manso y humilde de corazón, y hallaréis descanso para vuestras almas» (Mt 11, 28-30).

En el Evangelio vemos a Jesús expresar en su vida pública los sentimientos que habitan en su corazón. Jesús cura a los enfermos, expulsa a los demonios, perdona a los pecadores: en todos sus actos, actúa con compasión y misericordia.

A veces expresa admiración por la fe de quienes acuden a él, como, por ejemplo, la fe del centurión romano (Lc 7,2-10). A Jesús también le ocurre expresar ira, como con los mercaderes del Templo (Mt 21,12-13) o ante la hipocresía de los fariseos (Lc 20,47). Y corrige a sus discípulos: «¡Apártate, Satanás, porque tus pensamientos no son los de Dios!» (Mt 16,23).

Jesús se conmueve ante las multitudes dispersas. El lenguaje de las Escrituras expresa a veces que *sus entrañas se revuelven de compasión* (cf. Mc 6,34), lo que indica la fuerza de la emoción que lo embarga. «Al ver a las multitudes, su corazón se llenó de compasión por ellas, porque estaban desamparadas y abatidas como ovejas sin pastor» (Mt 9,36). O también: Jesús llamó a sus discípulos y les dijo: «Mi corazón se compadece de esta multitud, porque ya llevan tres días conmigo y no tienen qué comer. No quiero despedirlos en ayunas, no sea que desfallezcan en el camino» (Mt 15,32).

Jesús llora al ver el sufrimiento de aquellos a quienes ama. Por ejemplo, ante la muerte de Lázaro:

«María llegó al lugar donde estaba Jesús. En cuanto lo vio, se echó a sus pies y le dijo: "Señor, si hubieras estado aquí, mi hermano no habría muerto". Al ver que ella lloraba, y que también lloraban los judíos que la acompañaban, Jesús se conmovió en su espíritu. Se turbó y preguntó: "¿Dónde lo habéis puesto?". Le respondieron: "Señor, ven y lo verás". Entonces Jesús se echó a llorar. Los judíos decían: "¡Mirad cómo lo amaba!"» (Jn 11,32-36).

Jesús llora al ver los pecados de la humanidad: Cuando Jesús se acercó a Jerusalén y vio la ciudad, lloró por ella, diciendo: «¡Si también tú hubieras reconocido en este día lo que te da paz! Pero ahora esto ha quedado oculto a tus ojos» (Lc 19, 41-42).

Jesús llora finalmente antes de ser crucificado. «Durante los días de su vida en la carne, ofreció con gran clamor y lágrimas oraciones y súplicas a Dios, que podía salvarlo de la muerte, y fue escuchado por su piedad» (Heb 5,7).

Como vemos, las lágrimas de Jesús se unen a las lágrimas de todos los que sufren. Muestran la cercanía de su corazón a todos los que están en necesidad. Llega incluso a identificarse con los más pequeños entre los hombres: «Cada vez que lo hicisteis a uno de estos mis hermanos más pequeños, a mí me lo hicisteis» (Mt 25,40).

En resumen, deberíamos releer a menudo el Evangelio prestando atención a los sentimientos que habitaban el Corazón de Jesús, cuando compartía la vida de los hombres. Jesús es así fuente de inspiración para quienes desean crecer en el amor, la compasión y el servicio a los más humildes. Se trata de hacer nuestros los estados interiores del Corazón de nuestro Maestro.

Además de la riqueza de amor presente en el Corazón de Jesús de Nazaret, vemos en numerosos pasajes del Evangelio cómo Jesús escudriña el corazón de las personas con las que se encuentra.

Por ejemplo, la primera vez que ve a Natanael, el futuro apóstol Bartolomé, admira *a un hombre sincero, de corazón recto, un verdadero hijo de Israel* (cf. Jn 1, 45-51). El futuro discípulo se sorprende: «¿Cómo me conoces?».

Observamos la misma mirada de Jesús sobre el joven rico, quien le dice simplemente que ha cumplido la ley y los mandamientos. El texto evangélico nos relata que «Jesús lo miró y lo amó» (Mc 10,21).

Jesús reconoce los actos de fe auténtica de quienes acuden a él y que no son necesariamente hijos de Israel. «Nunca he encontrado una fe como esta en Israel» (Mt 8,10), dice Jesús refiriéndose al centurión romano.

Pero, por otro lado, Jesús no se deja engañar por los corazones dobles: «Este pueblo me honra con los labios, pero su corazón está lejos de mí» (Mt 15,8).

Vemos que Jesús está preocupado por lo que hay en el corazón de los hombres.

Hasta ahora, solo hemos mencionado los sentimientos de Jesús y las acciones que estos sentimientos le llevaron a realizar. En otras palabras: la forma en que Jesús se comportó a lo largo de su ministerio público, en particular con los enfermos, los pobres y los pecadores, nos ha permitido intuir los sentimientos que había en su corazón.

Se trata, por tanto, de un descubrimiento indirecto: a partir de las acciones de Jesús, podemos fácilmente remontarnos a su corazón. Para realizar tales actos de curación, tal perdón de los pecados y tal liberación de las personas atormentadas por espíritus malignos, Jesús debía necesariamente tener un corazón lleno de bondad, compasión y misericordia.

Pero para conocer más íntimamente el Corazón de Jesús, tendremos que dar un paso más: acoger la revelación de los tesoros del Amor divino que habitan en el Corazón del Señor. Solo podemos acceder a ellos si Dios mismo nos los da. Para ello, debemos seguir a un maestro, el evangelista san Juan, que es el primero en introducirnos en la vida mística de Cristo, como veremos en una próxima meditación.

Como ejercicio personal, os propongo meditar sobre una de las parábolas o uno de los relatos evan gélicos en los que más se manifiesta la compasión o la misericordia de Jesús. Por ejemplo:

—el encuentro de Jesús con la samaritana (Jn 4,5-15).

—la oveja perdida (Lc 15, 4-7) y la dracma perdida (Lc 15, 8-10).

—el hijo pródigo (Lc 15, 11-32).

—el buen samaritano (Lc 10, 25-37).

En esta meditación personal, aconsejo que prestes atención a la actitud de Jesús y a sus palabras. Tan pronto como te llame la atención algún detalle, concéntrate en él. Medita sobre lo que te ha conmovido. Déjate impregnar por la forma de actuar de Jesús, por su bondad.

III.

El drama del pecado

En nuestra meditación anterior hemos contemplado a Jesús a lo largo de su ministerio público y hemos evocado algunos de sus encuentros. Hemos atendido a sus palabras, de modo similar a como lo hicieron los discípulos que lo acompañaban. Leer el Evangelio de esta manera es como entrar en la intimidad que Jesús compartía con ellos, en particular con los apóstoles que había elegido uno por uno. Al final de este recorrido, os dije que teníamos que dar un paso más, en compañía de san Juan, el discípulo amado, el más indicado para contarnos lo que le reveló el Maestro. Intentaremos dar ese paso en la próxima meditación.

Pero antes tendremos que evocar lo que es el verdadero drama de nuestra vida y de la vida de todo hombre, incluidos los bautizados: el pecado. No nos referimos solo al pecado del mundo, sino también al pecado personal, a nuestro pecado: todos somos pecadores.

No es fácil esta meditación, en el corazón de nuestro retiro, pero no podemos descuidarla. ¿Cómo comprender, en efecto, las profundidades del amor del Corazón de Cristo sin tomar conciencia de lo que Él soportó, de los sufrimientos de su Pasión, de su Cruz y de su muerte? Si decimos que Jesús es el Salvador, que nos ha salvado, no debemos temer examinar todo aquello de lo que Jesús nos salva: de nuestros pecados, de todo mal y, finalmente, de la muerte.

Atención: esta meditación es necesariamente austera, y es posible que nos suscite inquietudes. Si es así, tanto mejor, porque significa que el Espíritu de Dios está trabajando profundamente en nosotros para purificarnos. No temamos si esto nos sucede. Y recordemos que siempre tenemos la posibilidad de recurrir a la misericordia del Señor en el sacramento de la reconciliación. No olvidemos tampoco que el pecado no tiene la última palabra y que Cristo es el vencedor.

Reflexionemos sobre esto volviendo a Jesús y meditando sobre algunos de sus encuentros con pecadores.

Como primer episodio, tomemos a la mujer adúltera. Releamos juntos este texto de Jn 8,1-11.

La mujer fue sorprendida en flagrante delito de adulterio. Según la ley judía, debía ser condenada a muerte (Lv 20,10). El Deuteronomio especifica: mediante lapidación (Deut 22,23-24).

Los escribas y los fariseos la llevan ante Jesús, no para que se haga justicia mediante la ejecución de la Ley, sino *para poner a prueba a Jesús*. Es una trampa contra Jesús. Jesús evita la trampa, no discute la Ley, pero su respuesta hace que la aplicación estricta de la Ley sea prácticamente imposible: «El que de vosotros esté *sin pecado, que le arroje la primera piedra*». Todos los presentes se marchan uno tras otro. Esto indica que todos son pecadores.

Jesús se queda solo con la mujer. Sus palabras: «Yo tampoco te condeno. Vete y no peques más» expresan tanto la misericordia de Jesús como su justicia, que no tiene ninguna complacencia con el pecado. Desconfiemos de los falsos profetas de la misericordia que no denuncian el pecado. Jesús, por su parte, libera al pecador de su pecado.

Una de las enseñanzas de este texto es la forma en que Jesús distingue el pecado de quien lo ha cometido, es decir, del pecador. San Agustín, al comentar el episodio de la mujer adúltera, tiene una frase magnífica: *«Solo dos se quedaron, la miseria y la misericordia».* Así el texto ilustra lo que Jesús había dicho a los suyos: «No he venido a llamar a justos, sino a pecadores» (Lc 5, 32).

Hay, en segundo lugar, otros textos en que el pecado que Jesús quiere perdonar va acompañado de una enfermedad o una discapacidad. Como sabéis, en la tradición bíblica, el pecado se presenta como una enfermedad del alma. Se habla de la *lepra del pecado*. Así, el pecado se compara con una enfermedad tan grave que hay que aislar al enfermo. El pecado es contagioso. San Juan Pablo II hablaba de las estructuras del pecado. Jesús no anima a frecuentar las reuniones de los pecadores. Si Él, Jesús, las frecuenta, es para liberar a los pecadores, porque les ama de verdad y tiene el poder de liberarles.

La curación deseada por el enfermo es a menudo la ocasión para un acto de fe por parte de quien también es pecador. ¿Qué hace Jesús? Suscita en su interlocutor un acto de fe que hace posible tanto la curación de su enfermedad como el perdón de su pecado. A veces, se trata de la fe de quienes cuidan al enfermo, como en el relato del paralítico y los cuatro hombres que lo llevan para presentarlo a Jesús (Mc 2,1-12).

Leamos este texto: Jesús ve su fe y entonces perdona los pecados del paralítico. Había una expectativa en este hombre y en sus acompañantes; pero no sabemos si el paralítico esperaba ser curado o si, en un acto de piedad, quería ser purificado. Jesús queda conquistado por la fe de quienes abren el techo para bajar al enfermo. Inmediatamente, libera al paralítico de sus pecados: *Hijo mío, tus pecados te son perdonados*. Estas palabras suenan como una blasfemia para los escribas presentes porque no conocen a Aquel que tiene el poder de perdonar los pecados. Entonces Jesús cura al paralítico.

Observad que la multitud presente ve en ello la obra de Dios, pues san Marcos dice: *todos se asombraron y glorificaron a Dios*. Recordemos esto: Jesús espera nuestra fe. Como pecadores, estamos invitados a decirle a Jesús: *si quieres, puedes curarme*. Pronunciada desde lo más profundo del corazón, esta súplica tiene el poder de abrir de par en par las puertas de la misericordia.

Pasemos a un tercer texto. Para comprender bien qué es el pecado y cómo se arraiga en el deseo del mal, es útil releer el relato de la traición de Judas. Leamos juntos el texto evangélico de Mateo 26,46-57.

Observemos que Jesús entró en su Pasión por la traición de uno de sus más cercanos. Era uno de los Doce. Por lo tanto, compartía la intimidad de Jesús, había sido testigo de todos los signos que él había realizado. Es aterrador. Nos encontramos ante un misterio inexplicable desde el punto de vista humano. Antes incluso de anunciar que sería entregado, Jesús está *turbado en su espíritu*, nos dice Juan (Jn 13,21).

Recordemos la turbación que Jesús sintió ante María y los judíos que lloraban la muerte de Lázaro. Hay en el acto de Judas una densidad, una opacidad análoga a la que Jesús experimenta ante la muerte. Las dos cosas están así relacionadas: el pecado y la muerte. La muerte es consecuencia del pecado. Veamos un comienzo de explicación a este misterio del mal: durante la Última Cena, cuando Jesús le ofrece a Judas un bocado en señal de comunión, el texto indica: «Satanás entró en Judas» (Jn 13,27).

Notemos un detalle más: en el Huerto de los Olivos, según el relato de san Mateo, Judas traiciona a Jesús con un beso. El beso es normalmente símbolo de amor y paz.

Otro pasaje donde nos encontramos un pecado cometido por uno de los más cercanos a Jesús es la triple negación de Pedro (Jn 18,15-27). El apóstol se ve abrumado por el miedo y niega al Señor tres veces. Se trata efectivamente de una traición, pero no tiene nada que ver con la de Judas. La negación está dictada por el miedo y la angustia. No hay premeditación. Pedro fue presuntuoso al pensar que no podría caer. No se tomó en serio las palabras de Jesús: «todos vosotros os escandalizaréis» (Mt 26,31).

Todos estos textos, y otros en los que vosotros mismos podéis pensar, muestran que, por un lado, existen pecados que se arraigan en la mala voluntad del hombre y en los corazones carcomidos por la maldad, los celos, el odio al bien y el deseo de destruir la inocencia. Y que, por otro lado, hay pecados que nacen de la debilidad del hombre: «el espíritu es fuerte, pero la carne es débil» (Mt 26,41).

Los primeros son motivo de profunda angustia para Jesús, devastado por la elección de Judas; los segundos son los pecados que cometemos cada día y por los que Jesús recomienda la vigilancia y la oración: «Orad, pues, para que no caigáis en tentación» (Mt 26,41). También rezamos cada día el padrenuestro pidiendo a Dios: *No nos dejes caer en tentación.*

Quisiera terminar este sencillo recorrido para intentar poner un poco de orden en estos datos y proponer finalmente algunas pistas para vuestra meditación personal:

Jesús, que nunca cometió pecado, se enfrentó siempre en su vida terrenal al pecado de los hombres. Se encontró con muchos pecadores a los que ofreció su perdón. Como Hijo de Dios, tenía el poder de perdonar no solo los pecados cometidos directamente contra él, sino también los pecados en general, que son una *ofensa a Dios.*

Jesús también se enfrentó al mal y al Adversario en las tentaciones a las que fue sometido en el desierto. La luz que habitaba en él le permitía ver lo que había en lo más profundo del corazón de los hombres.

Jesús nunca negó su perdón a los pecadores arrepentidos (*poenitens cor*), por lo que nos recomienda que no dejemos que nuestros corazones se endurezcan.

Lo único que no pude ser perdonado es el pecado que se opone deliberadamente a la salvación y a la redención operadas por el Sacrificio del Salvador, porque es blasfemia contra el Espíritu Santo de Dios.

El pecador que se arrepiente es aquel que toma conciencia de que ha ofendido a Dios: «Contra ti, y solo contra ti, he pecado, lo que es malo a tus ojos, lo he hecho» (Sal 51,6).

Para concluir, os propongo algunos posibles temas de reflexión:

— ¿Cuáles son los puntos necesarios de conversión en mi vida?

— ¿Cuáles son las ocasiones de pecado que más perturban mi corazón?

— ¿Le pido al Señor que cambie mi corazón (no solo que me perdone mis pecados, sino que *cambie* mi corazón)? Cuando Dios cambia un corazón, lo torna menos endurecido, pues reemplaza el corazón de piedra por un corazón de carne. Este corazón que se transforma por la gracia de Dios se vuelve menos vulnerable al pecado. Se vuelve fuerte.

—¿Odiamos el pecado porque es una ofensa a Dios, que nos ama infinitamente? ¿O hay pecados cuya importancia minimizamos porque nos hemos encariñado con ellos (por ejemplo, el gusto por la crítica, las conversaciones inapropiadas, el deseo de aparecer y ser reconocidos...)?

Una recomendación: hagamos este pequeño examen de conciencia con sencillez, sin dramatizar, con calma y en oración. Tomemos la resolución de confesarnos si descubrimos algo que nos disturba.

Por último, para acompañar este ejercicio al principio y al final, recitemos el Salmo 50 (51):

Misericordia, Dios mío, por tu bondad,
por tu inmensa compasión, borra mi culpa,
lava del todo mi delito,
limpia mi pecado.

Pues yo reconozco mi culpa,
tengo siempre presente mi delito,
contra ti, contra ti solo pequé,
cometí la maldad que aborreces...

Las insondables riquezas del Corazón de Jesús

Hemos visto cómo los hombres pueden usar su libertad de una manera que les aleja del amor infinito que se les ofrece —lo que se llama pecado. Ahora queremos seguir explorando las riquezas insondables del Corazón de Jesús. Antes de emprender este recorrido, en compañía del Discípulo Amado, releamos y meditemos estos versículos de san Mateo. Se parecen tanto al testimonio de Juan que los exégetas, en su conjunto, no han logrado hasta ahora identificar su origen con certeza. Se trata de Mt 11,25-30:

«Te alabo, Padre, Señor del cielo y de la tierra, porque has ocultado estas cosas a los sabios y a los inteligentes y las has revelado a los pequeños. Sí, Padre, porque así te ha parecido bien. Todo me ha sido entregado por mi Padre, y nadie conoce al Hijo sino el Padre, y nadie conoce al Padre sino el Hijo y aquel a quien el Hijo se lo quiera revelar. Venid a mí todos los que estáis fatigados y cargados, y yo os daré descanso. Cargad mi yugo y aprended de mí, que soy manso y humilde de corazón, y hallaréis descanso para vuestras almas, porque mi yugo es llevadero y mi carga ligera».

En los libros sapienciales se encuentran pasajes análogos (Eclo 51,26-27). Ese descanso que daba la Sabiduría divina según el libro del Eclesiástico se convierte en Mateo en el descanso que da Jesús. Jesús reivindica para sí el papel atribuido a la Sabiduría divina.

Podemos meditar sobre la expresión: *manso y humilde de corazón*. La palabra *humilde* se refiere a una actitud del corazón: *pobre de corazón*. Esto designa la disposición del corazón hacia Dios. Jesús está totalmente sometido a la voluntad de su Padre. Y exhorta a sus discípulos a tener un corazón semejante al suyo: manso y humilde.

Este pequeño comentario tenía como objetivo prepararnos para la lectura de san Juan. Nos centraremos en dos pasajes importantes: el primero es el gesto de Juan inclinándose sobre el pecho de Cristo en el momento en que Pedro le invita a preguntar a Jesús quién es el que le traicionará. El segundo es el momento que precede y sigue a la muerte del Señor en la cruz.

Ya hemos mencionado el primer pasaje al hablar de la traición de Judas. El gesto de Juan, que podría interpretarse de manera muy simple (al fin y al cabo, Juan hace lo que Pedro le pide), ha adquirido desde hace siglos una gran importancia en la tradición espiritual y también en la iconografía cristiana. Juan es quien escucha los latidos del Corazón de Jesús, expresión del amor infinito de Cristo en el momento en que se va a ofrecer en sacrificio. También discierne en el Corazón del Maestro las heridas de la traición que está por venir.

El papa Pío XII dedicó una encíclica al Corazón de Cristo, *Haurietis Aquas*. Él ve en este Corazón una fuente sobreabundante de amor humano y divino, llena de los tesoros de todas las gracias conquistadas precisamente por los méritos de la vida del Señor, de sus sufrimientos y de su muerte. Es la fuente de esa caridad eterna que su Espíritu difunde en todos los miembros de su Cuerpo Místico (HA, 42). Podéis contemplar, simplemente, esta imagen de los latidos del corazón para ilustrar la escucha de las enseñanzas del Corazón de Cristo. Escuchar los latidos del Corazón de Jesús es la actitud del discípulo perfecto, de aquel que quiere estar unido a Jesús por un amor verdadero; es convertirse en hermano de Jesús.

Pasemos al relato de Juan sobre la muerte de Jesús. Por supuesto, habrá que releer todo el capítulo 19 del cuarto Evangelio. Concentrémonos en Jn 19,28-37:

> Después de esto, sabiendo que ya todo estaba consumado para que se cumpliera perfectamente la Escritura, Jesús dijo: «Tengo sed». Había allí un vaso lleno de vinagre; empaparon una esponja en vinagre, la pusieron en una rama de hisopo y se la acercaron a la boca. Cuando tomó el vinagre, Jesús dijo: «Todo está cumplido», e inclinando la cabeza, entregó su espíritu.

> Como era la preparación, los judíos, para evitar que los cuerpos permanecieran en la cruz durante el sábado, ya que ese sábado era un día importante, pidieron a Pilato que les rompieran las piernas y los retiraran. Entonces vinieron los soldados y rompieron las piernas al primero y luego al otro que había sido

crucificado con él. Llegando a Jesús, y viendo que ya estaba muerto, no le quebraron las piernas, sino que uno de los soldados le atravesó el costado con la lanza, y al instante salió sangre y agua. El que lo vio da testimonio, y su testimonio es verdadero, y él sabe que dice la verdad, para que también vosotros creáis. Esto sucedió para que se cumpliera la Escritura: «No le quebrarán ningún hueso». Y otra Escritura dice: «Mirarán al que traspasaron».

Hay algunos términos que deben comentarse:

— «*Tengo sed*»: el significado inmediato es evidente. Sin embargo, la tradición ha visto en ello el símbolo del deseo que Jesús tenía de salvar a los hombres. Jesús tiene sed de la salvación de los hombres.

— «Todo está consumado» se refiere a la misión de Jesús en esta tierra, pero también al designio divino de salvación ofrecido a todos los hombres. Jesús cumplió su misión con total sumisión y obediencia al Padre. Lo que el Padre quiere, la salvación de los hombres, se ha realizado. No hay diferencia entre el amor de Jesús y el designio del Padre. Este hecho será un punto sobre el que meditar más detenidamente.

—«*Entregó el espíritu*» (*parédōken to pneuma)*: forma de expresar que Jesús está muriendo, pero en un acto supremo de libertad. «Nadie me quita la vida, sino que yo la entrego voluntariamente» (Jn 10,18).

—«*Uno de los soldados le atravesó el costado con una lanza, y al instante salió sangre y agua*»: el *costado* (en griego *kolpos*) no es propiamente el corazón, sino la puerta que conduce al corazón; hay que imaginar, en efecto, que el crucificado está elevado y, por lo tanto, que la perforación con una lanza solo puede hacerse de abajo hacia arriba.

—«*Salió sangre y agua*»: Jesús ya ha muerto. Por lo tanto, ha cumplido la Redención. Es decir, lo que sigue al momento de su muerte tiene un valor *simbólico*. Juan concede máxima importancia a este signo, del que afirma ser testigo ocular directo. Este signo indica que la Redención se ha cumplido realmente. La sangre y el agua adquieren así un valor de testamento, por así decirlo: son el Don que Jesús nos hace cuando ya ha muerto. Por lo tanto, es un don divino y, de hecho, la sangre y el agua se convierten en símbolos de la vida sobrenatural. La sangre, al separarse del cuerpo, atestigua que se ha dado la vida, ya que la sangre es el símbolo (también aceptado universalmente) de la vida. En este caso, en el caso de Jesús, es símbolo de la vida ofrecida. Y el agua es símbolo de purificación. La Tradición siempre ha visto en el agua que brotó del costado de Cristo el don del bautismo. Y ha visto en la sangre, el don de la vida divina de Cristo, es decir, el don para nosotros de la vida sacramental y, en particular, de la Eucaristía.

Me gustaría que meditarais sobre esto: que nuestra vida cristiana tiene su origen en este Don divino de Cristo. El derramamiento de la Sangre y del Agua genera en nosotros la vida misma de Dios. Es el nacimiento místico de la Iglesia que se revelará en el momento del derramamiento del Espíritu de Pentecostés.

—«*El que lo vio da testimonio*»: Juan fue testigo de este derramamiento, un testigo digno de fe. Lo que llama la atención es la fuerza y la solemnidad con que Juan da testimonio. También se puede observar la finalidad de lo que Juan cuenta: *para que también vosotros creáis*. Creer en el don del Corazón de Jesús es un acto de fe. Es también el lugar donde crece la fe de los discípulos.

Por último, el pasaje termina con dos referencias bíblicas: Éx 12,46 y Zac 12,10.

Según la Ley y las prescripciones de la Pascua recogidas en el Libro del Éxodo, había que abrir el corazón del cordero y dejar que la sangre se derramara. El ritual exigía además que los huesos del cordero no se rompieran. Así, San Juan relaciona el sacrificio pascual con Jesús. El evangelista ve en Jesús, entregado a la muerte, al Cordero de Dios que quita los pecados del mundo (como anuncia el comienzo de su Evangelio, en Jn 1,29). La referencia de los huesos no quebrados remite al Salmo 34,21: «Los huesos del justo no serán quebrados». El salmista se refería a la salvación de los siervos, cuyo modelo era precisamente el Siervo sufriente de Isaías 53, que ofrece su vida en sacrificio por los pecados de los demás. Así, Juan contempla en la cruz al Cordero de Dios, que cumplía, no solo el rito pascual del cordero, sino también el del cordero expiatorio.

Así se cumple la Escritura: el soldado no le rompe las piernas a Jesús. En Jesús, único Cordero, reside la unidad de todos los redimidos, exactamente como la integridad del cuerpo del cordero ofrecido simbolizaba, en el rito pascual, la unidad de todos los que participaban en la Pascua. Todos los miembros de una misma familia eran salvados, participando ritualmente del mismo cordero.

—Zacarías 12,10: «mirarán al que traspasaron». El contexto es el anuncio de la liberación de Jerusalén: «derramaré sobre la casa de David y sobre los habitantes de Jerusalén un espíritu de gracia y de súplica, y mirarán hacia mí. Al que traspasaron, lo llorarán como se llora a un hijo único». Unos versículos más adelante, el profeta Zacarías precisa: «En aquel día habrá una fuente abierta para la casa de David y para los habitantes de Jerusalén, para lavar el pecado y la inmundicia» (Zac 13,1). Tenemos así un paralelismo muy estrecho: se derrama un espíritu, se abre una fuente. Para san Juan, el costado de Jesús traspasado (abierto) por la lanza realiza el anuncio profético de la redención del pueblo de Israel. El justo será traspasado y de su herida brotará una fuente de vida.

Por último, observemos que el mismo Jesús había profetizado así (en Jn 7,37-39): «El último día, el gran día de la fiesta, Jesús, de pie, exclamó: "Si alguno tiene sed, que venga a mí y beba, el que cree en mí. Según la palabra de la Escritura: de su seno brotarán ríos de agua viva". Hablaba del Espíritu que iban a recibir los que creyeran en él, pues aún no había Espíritu, porque Jesús aún no había sido glorificado».

Para vuestra meditación personal, aconsejo volver a leer tranquilamente el capítulo 19 del Evangelio de Juan. También podéis recitar la magnífica oración:

Alma de Cristo, santifícame;
Cuerpo de Cristo, sálvame;
Sangre de Cristo, embriágame;
Agua del costado de Cristo, lávame;
Pasión de Cristo, confórtame;
Oh buen Jesús, óyeme;
dentro de tus yagas, escóndeme.
No permitas que me aparte de ti.
Del maligno enemigo, defiéndeme.
En la hora de mi muerte llámame
y mándame ir a ti,
para que con tus santos te alabe
por los siglos de los siglos. Amén.

V.

Sacerdotes según su corazón (I): «Os daré pastores según mi corazón» (Jer 3,15)

Cuando escribí esta meditación, pensando en los sacerdotes y futuros sacerdotes, recordé el tiempo de mi propia formación como seminarista y todo lo que ocupaba entonces mi mente y mi corazón.

Muchas cosas llamaban mi atención, como estoy seguro de que vosotros también lleváis en vuestro interior una multitud de pensamientos y sentimientos. Recuerdo que pensaba en todo el camino que aún me separaba del diaconado y de la ordenación sacerdotal. Para quien es llamado por su obispo a convertirse en diácono con vistas al sacerdocio, el discernimiento está hecho y el año diaconal se convierte en un tiempo de servicio y preparación para el sacerdocio. Este tiempo ya no conlleva normalmente ninguna incertidumbre fundamental ni ansiedad sobre el futuro.

En cambio, el seminarista a menudo se pregunta si llegará hasta el final, si será capaz de vivir su celibato, si será llamado al servicio parroquial o a la formación, si tendrá un entorno de vida fraterna adecuado, y mil pensamientos más. Todos somos iguales y todos, según nuestro propio temperamento, nos hacemos preguntas personales sobre el futuro. En cualquier caso, yo mismo las tenía. Lo que quiero deciros hoy es que cuanto más pensamos en nosotros mismos, más razones tenemos para estar ansiosos. Por el contrario, cuanto más pensamos en el Señor y en los demás, en nuestra oración y en nuestros diferentes servicios, más tranquilos y alegres nos sentimos.

En esta meditación, que es también una reflexión, seguimos apoyándonos en el Señor. Conservamos en nuestro interior todo lo que hemos escuchado hasta ahora sobre el Corazón de nuestro Dios y sobre los pensamientos, los sentimientos y las acciones que habitaban el Corazón de Jesús. En primer lugar, podemos repetirnos a nosotros mismos que cada uno de nosotros ocupa un lugar especial en el Corazón del Señor.

Dos frases quieren inspirar y guiar nuestra conversación. La primera pertenece al santo Cura de Ars, a quien el papa san Juan Pablo II quiso nombrar patrón de todos los sacerdotes y párrocos del mundo. «*El sacerdocio*», decía san Juan María Vianney, «*es el amor del Corazón de Jesús*». Le dedicaremos la segunda parte de esta reflexión sobre nuestra vocación sacerdotal. La segunda frase está tomada del libro de Jeremías: «Os daré pastores según mi corazón» (Jer 3,15). A ella dedicaremos la primera parte de nuestra meditación.

Según esta profecía de Jeremías, Dios promete a su pueblo que nunca lo dejará sin un pastor que lo reúna y lo guíe. Más adelante en este libro del profeta, encontramos: «Suscitaré para mis ovejas pastores que las apacienten; ya no tendrán miedo ni terror» (Jer 23,4). Hay mucho contenido en estos versículos.

La primera observación es que los pastores solo existen para las ovejas. El pastor nunca es fin en sí mismo. Se es pastor para los demás, para el pueblo de Dios. Por lo tanto, es una vocación y una misión: nadie puede atribuirse a sí mismo el honor de ser pastor. El sacerdocio es un don. Se recibe de la Iglesia.

La segunda observación es que *el pastor ahuyenta el miedo y el terror de las ovejas*. Esto significa que su autoridad como pastor no es un poder, sino un servicio dictado por la bondad y la preocupación por los demás. Dar paz a las ovejas solo puede arraigarse en un corazón bueno y amoroso. Encontramos una confirmación evidente de esto en el hecho de que Jesús reivindica para sí el título (y el papel) de pastor, precisando: «Yo soy el buen pastor» (Jn 10,11). ¿Qué dice Jesús de su pastoreo? «Yo conozco a mis ovejas y mis ovejas me conocen a mí» (Jn 10,14). Este conocimiento recíproco entre el pastor y las ovejas expresa simplemente el amor.

Recordad lo que ya hemos dicho sobre el amor, que es el encuentro de dos corazones: pues bien, el pastor conoce a sus ovejas porque las ama, y las ovejas siguen al Buen Pastor porque saben que él las conduce por el camino recto: «Tú eres mi pastor, Señor, nada me faltará donde tú me conduces», dice el salmista (cf. Sal 22,1-2). Las ovejas saben que el Pastor las ama, y las ama hasta tal punto que da su vida por ellas. Estoy seguro de que la cuestión del amor del Pastor no os plantea dificultades y que vuestro deseo profundo y sincero es amar a todas aquellas (las ovejas) que os serán confiadas.

Pero, ¿hemos reflexionado lo suficiente sobre lo que realmente significa dar la vida? Por supuesto, os preparáis para ello. La ordenación diaconal y luego sacerdotal son signos evidentes de que dejamos que la Iglesia disponga de nosotros y de que, en cierto modo, queremos dar nuestra vida en el sentido de consagrarla a los demás. Pero hay una dimensión más profunda en el don de la vida. Es la que hemos contemplado en el don que Jesús hizo de su vida, cuando contemplamos la sangre y el agua que brotaron del Corazón de Jesús.

Esta entrega total, extrema, es la que realizaron después de Jesús todos los mártires. No todos los mártires son sacerdotes o seminaristas, y no todos los bautizados están llamados por Dios a ser mártires. Sin embargo, los sacerdotes y todos aquellos que se preparan para serlo están llamados a integrar en su existencia la posibilidad de que lo que celebran cada día en el altar se convierta también para ellos en una realidad si el Señor les llama a este don de sí mismos. Esto explica que se nos invite a renovar día tras día el don de nuestra persona al Señor para el servicio de su Iglesia y el servicio de nuestros hermanos. Para nosotros, sacerdotes y futuros sacerdotes, el lugar donde profundizamos en nuestra vocación a la entrega de nosotros mismos es la Sagrada Eucaristía, como veremos con más detalle más adelante, en la segunda parte de esta meditación.

Añadamos otra observación sobre la cuestión de los pastores: si Jesús se atribuye la imagen del *Buen Pastor*, es también para advertirnos de que no nos convirtamos en *malos pastores*. Este es un riesgo real, que llega cuando dejamos de ser pastores para los demás y queremos ante todo sacar provecho de nuestra condición de pastores. Esto puede suceder de diversas maneras: el gusto por el poder sobre las personas; el amor por los bienes materiales que poco a poco sustituye al amor por el bien espiritual de las ovejas; el deseo de brillar o incluso la ambición personal. Me parece que empezamos a convertirnos en malos pastores cuando olvidamos la salvación de las almas que nos han sido confiadas.

El profeta Ezequiel tiene palabras muy duras para los malos pastores (Ez 34,1-7). Dirigiéndose a los pastores de Israel, les dice: «Os habéis alimentado de leche, os habéis vestido de lana, habéis sacrificado las ovejas más gordas, pero no habéis apacentado el rebaño. No habéis fortalecido a las ovejas débiles, ni curado a las enfermas, ni vendado a las heridas. No habéis traído de vuelta a las descarriadas, ni buscado a las perdidas». A continuación, sigue una terrible descripción de la dispersión del rebaño: «Las habéis gobernado con violencia y dureza. Se han dispersado, a falta de pastor, para convertirse en presa de toda bestia salvaje, se han dispersado. Mi rebaño vaga por todas las montañas y por todas las colinas elevadas; mi rebaño está disperso por toda la superficie del país, nadie se ocupa de él y nadie lo busca».

El texto es tan fuerte que llevó a san Agustín a meditar largamente sobre el misterio de los malos pastores que buscan su propio interés, y no el de Jesucristo. Pero Agustín concluye su exhortación a ser buenos pastores así:

> «El amor de Cristo, en el pastor de sus ovejas, debe desarrollarse en un ardor espiritual tan grande que triunfe también sobre ese miedo natural a la muerte, que nos hace rechazar la muerte, incluso cuando queremos vivir con Cristo. Por grande que sea nuestro horror a la muerte, debe triunfar el poder del

amor, ese amor con el que amamos a aquel que, siendo nuestra vida, quiso sufrir la muerte por nosotros» (Comentario sobre el Evangelio de Juan 123, 5).

En su Exhortación Apostólica sobre la formación de los sacerdotes, *Pastores Dabo Vobis*, el Papa San Juan Pablo II resumía así nuestra vocación de pastores: «Los sacerdotes están llamados a prolongar la presencia de Cristo, único y soberano Pastor, recuperando su estilo de vida y haciéndose, en cierto modo, transparentes a él en medio del rebaño que se les ha confiado» (PDV, 15).

El buen pastor no conduce a las ovejas hacia sí mismo, sino hacia el Buen Pastor. Dejamos al Buen Pastor mismo la conclusión de esta primera parte o sobre el sacerdote. Releamos, pues, la Oración sacerdotal de Jesús, que conduce a los suyos hacia su Padre:

«Así habló Jesús, y alzando los ojos al cielo, dijo: Padre, ha llegado la hora; glorifica a tu Hijo para que tu Hijo te glorifique a Ti y, según el poder que le has dado sobre toda carne, dé la vida eterna a todos los que Tú le has dado. Esta es la vida eterna: que te conozcan a ti, el único Dios verdadero, y a quien tú has enviado, Jesucristo. He manifestado tu nombre a los hombres que has sacado del mundo para dármelos. Eran tuyos y tú me los has dado, y ellos han guardado tu palabra. Ahora han reconocido que todo lo que me has dado viene de ti... Por ellos ruego; no ruego por el mundo, sino por los que tú me has dado, porque son tuyos, y todo lo mío es tuyo, y todo lo tuyo es mío, y yo soy glorificado en ellos. Yo ya no estoy en el mundo; ellos están en el mundo, y yo voy a ti. Padre santo, guárdalos en tu nombre, a los que me has dado, para que sean uno, como nosotros» (Jn 17,1-3; 6-11).

La segunda parte de esta meditación partirá de la frase del santo Cura de Ars: *el sacerdocio es el amor del Corazón de Jesús.*

Como sencillo ejercicio de meditación, releed pausadamente esta extraordinaria oración sacerdotal de Jesús a su Padre, de la que solo os he traído algunos versículos.

Sacerdotes según su corazón (II): «El sacerdocio es el amor del Corazón de Jesús»

«El sacerdocio es el amor del Corazón de Jesús». Esta frase es de san Juan María Vianney, el cura de Ars, a quien el papa Benedicto XVI nombró en 2009 *patrón de todos los sacerdotes del mundo*. La cita le pareció tan acertada a la Iglesia, que la citó en su *Catecismo de la Iglesia Católica*, en el número 1589. Y no solo eso: el Papa Benedicto XVI quiso, con motivo del 150 aniversario de la muerte del santo cura de Ars, decretar un año sacerdotal para toda la Iglesia.

En este texto, el Santo Padre retomó, desde el principio del texto de la proclamación, la cita de san Juan María Vianney.

Benedicto XVI fijó el inicio del Año Sacerdotal el día de la fiesta del Sagrado Corazón, que ese año se celebraba el 21 de junio de 2009. Durante las vísperas solemnes, Benedicto XVI estableció un vínculo entre esta cita de san Juan María Vianney y la espiritualidad del sacerdote. Benedicto XVI escribe:

«En el Corazón de Jesús se expresa la esencia del cristianismo; en Cristo se nos ha revelado y dado toda la novedad revolucionaria del Evangelio: el Amor que nos salva y nos hace vivir ya en la eternidad de Dios (...) Si bien es cierto que la invitación de Jesús a permanecer en su amor se dirige a cada bautizado, en la fiesta del Sagrado Corazón de Jesús, Día de la santificación sacerdotal, esta invitación resuena con mayor fuerza para nosotros, sacerdotes, en particular esta noche, comienzo solemne del Año Sacerdotal, que he querido proclamar con motivo del 150 aniversario de la muerte del santo cura de Ars. Me viene inmediatamente a la mente una afirmación hermosa y conmovedora, recogida en el Catecismo de la Iglesia Católica, donde se dice: "El sacerdocio es el amor del Corazón de Jesús". ¿Cómo no recordar con emoción que es directamente de este Corazón de donde brotó el don de nuestro ministerio sacerdotal? ¿Cómo olvidar que nosotros, los sacerdotes, estamos consagrados para servir, con humildad y autoridad, al sacerdocio común de los fieles? (...) Cristo exige que tendamos constantemente a la santidad, como lo hizo san Juan María Vianney».

Y el Papa añade esta advertencia dirigida a nosotros:

«¿Cómo olvidar, a este respecto, que nada hace sufrir más a la Iglesia, Cuerpo de Cristo, que los pecados de sus pastores, en particular los que se convierten en ladrones de ovejas, ya sea porque las descarrían con sus doctrinas privadas, ya porque las atrapan en la red del pecado y de la muerte? También para nosotros, queridos sacerdotes, es válida la llamada a la conversión y el recurso a la Divina Misericordia. Y nosotros debemos dirigir también con humildad al Corazón de Jesús la petición urgente e incesante de que nos preserve del terrible riesgo de hacer daño a aquellos a quienes estamos llamados a salvar».

Hago algunas observaciones sobre este texto tan inspirador de Benedicto XVI:

—El Pueblo de Dios necesita ser acompañado espiritualmente por sacerdotes llamados a buscar la santidad pidiéndosela a Dios. La santidad es un don divino. Fuera de esta intención de santificarse, los sacerdotes pueden poner en riesgo la fe de los bautizados con falsas doctrinas. El sacerdote debe conducir a los bautizados a Dios y no a sí mismo. Los posibles carismas personales del sacerdote se le dan para acercar a las ovejas a Dios y no para seducirlas. ¿A quiénes se llama ladrones de ovejas? Se trata de pastores que no guían a los fieles que les han sido confiados. Por ejemplo, negándoles los remedios espirituales u omitiendo advertirles del peligro en el que se encuentran, del peligro que amenaza sus almas.

«Los sacerdotes», dice el Papa, «están consagrados para servir, con humildad y autoridad, al sacerdocio común de los fieles». ¿Qué significa servir al sacerdocio común de los fieles? ¿Qué es, pues, este *sacerdocio común* de los fieles? Hay sacerdocio cuando hay ofrenda de un sacrificio: el verdadero sacerdocio es el de Cristo Sacerdote. Él hace participar en su sacrificio a toda la Iglesia, que es su Cuerpo. Todo fiel (bautizado) está unido a este sacrificio como miembro del *Cuerpo de Cristo*. Como miembro de la Iglesia es portador de esta dimensión sacrificial y participa en el sacerdocio del Señor.

En la Primera Carta de Pedro, el autor habla del *pueblo sacerdotal* para subrayar precisamente esta dimensión de Cuerpo. Cada bautizado no ejerce este sacerdocio común de forma autónoma, sino que lo recibe constantemente de Dios. Y aquí yace el servicio que el sacerdote presta a todos los miembros de la Iglesia. Gracias al sacerdote, cada uno puede, en este movimiento o dinamismo, ofrecerse a sí mismo para rendir a Dios el culto que le es debido. De este modo el sacerdote actúa para la edificación del Cuerpo de Cristo que es la Iglesia.

—La oración al Corazón de Jesús debe hacerse *con humildad*, insiste el Papa. Es el momento de detenernos en esta virtud cristiana fundamental que es la humildad. La humildad es la clave de la vida espiritual. En realidad, abre todas las puertas, en particular las puertas del Corazón del Señor. La humildad es la disposición del corazón, la actitud de la criatura que se reconoce dependiente de un don inicial, don que podemos llamar la vocación a la vida divina. Evidentemente, cuando se desea de todo corazón seguir a Cristo y servirle como sacerdote, y no tengo duda de que este es vuestro caso, este primer paso es necesariamente humilde. Expresa el reconocimiento de que toda nuestra vida está en manos de Dios; lo tomamos como Maestro de nuestra vida.

Pero la dificultad proviene a menudo de la incoherencia de nuestros pensamientos y actos, al olvidarnos de esta soberanía de Dios. Es lo que se llama pecado. Es siempre por el orgullo por lo que se ven tentados en su vida cotidiana los consagrados y, en particular, los sacerdotes: la ambición, el deseo de aparentar, todo tipo de vanidad, el gusto por el poder, la impaciencia hacia los fieles, la pretensión de saber, el sentimiento de pertenecer a una élite, el mal uso de los carismas, todas las formas de clericalismo. Todo ello indica un olvido de Dios que, aunque sea provisional, puede convertirse en un hábito y generar entonces otras derivas, morales y espirituales. Estas últimas hacen cada vez más difícil la oración personal y alteran el gusto por las cosas de Dios. La tradición espiritual llama a esto *acedia*, lo que podemos entender como una verdadera pereza espiritual. De ahí nacen también la indiferencia y la pérdida de la preocupación por las almas.

Precisamente el deseo de trabajar por la salvación de las almas es una de las claves de nuestra vocación. Cuando tenía diecisiete años, el futuro Cura de Ars decía: «si algún día fuera sacerdote, querría ganar muchas almas». Como sabéis, una de las características del ministerio del Cura de Ars era el tiempo que dedicaba a confesar. En los últimos años de su vida, permanecía en el confesionario más de quince horas al día. Este rasgo manifiesta la conciencia que tenía este santo de estar al servicio del bien de las almas (*salus animarum*).

Para concluir nuestra meditación, debemos pensar en las dos acciones sacerdotales que el santo cura de Ars exaltaba sin cesar: el sacrificio eucarístico y la confesión sacramental, que hoy se llama sacramento de la reconciliación. Estas dos acciones del sacerdote se refieren directamente a la salvación de las almas y son el rasgo distintivo del sacerdote.

Como sabéis por experiencia, cuando un joven nos expresa su deseo de ser sacerdote, le preguntamos qué le lleva a pensar en este camino vocacional. En la mayoría de los casos, hay diferentes indicios de que puede haber una auténtica llamada de Dios. Entre ellos están el deseo de celebrar algún día la Eucaristía o el deseo de perdonar los pecados en nombre de Cristo. Estos dos deseos están llamados a crecer y madurar. Si alguien no siente una atracción especial por el Altar del Señor, o si es indiferente ante este acto inmenso que consiste en dar el perdón del Señor, esto debe cuestionar nuestro discernimiento.

Nuestra próxima meditación deberá profundizar en este doble don que Dios hace a los sacerdotes para la edificación de su Cuerpo, que es la Iglesia: la Sagrada Eucaristía y el perdón de los pecados.

Para alimentar vuestra oración, aquí tenéis dos magníficos textos del santo Cura de Ars. Son dos textos breves pero muy inspiradores:

> «Si no tuviéramos el sacramento del Orden, no tendríamos a Nuestro Señor. ¿Quién lo puso allí, en el sagrario? El sacerdote. ¿Quién recibió nuestra alma al entrar en la vida? El sacerdote. ¿Quién la alimenta para darle fuerzas para hacer su peregrinación? El sacerdote. ¿Quién la preparará para presentarse ante Dios, lavando esa alma por última vez en la sangre de Cristo? El sacerdote. Siempre, el sacerdote. Y si esa alma llega a morir (por culpa del pecado), ¿quién la resucitará? ¿quién le devolverá la calma y la paz? ¡De nuevo el sacerdote! ... El sacerdote solo se comprenderá bien en el cielo».

«¡Oh, qué grande es el sacerdote! Si se comprendiera a sí mismo, moriría... Dios le obedece: dice dos palabras y Nuestro Señor desciende del cielo a su voz y se encierra en una pequeña hostia».

VII.

El hombre de la Eucaristía y del perdón de Dios

Vamos a meditar ahora en el corazón del sacerdote, que es eucarístico y, por eso, es misericordioso. De este modo abrazamos esos dos sacramentos centrales en su vida: la Eucaristía y la Confesión.

El corazón eucarístico del sacerdote

Cuando evocamos la palabra *Eucaristía*, todos pensamos en la misa a la que asistimos o que celebramos si ya somos sacerdotes. Ya hemos aludido al deseo que muchos niños y jóvenes tienen de servir en el altar del Señor. Nuestra meditación de hoy no consiste en hacer un tratado sobre la Eucaristía, ni sobre el Sacramento del Perdón, cosa que cada seminarista y sacerdote tiene amplia ocasión de hacer en sus estudios eclesiásticos.

Pero os propongo partir de dos citas de la Escritura que nos hablan de otro deseo, el deseo que habita en el Corazón del Señor. La primera cita se encuentra en Lucas 22,15: «Les dijo: "He deseado ardientemente comer esta Pascua con vosotros antes de padecer, porque os digo que no la volveré a comer hasta que se cumpla en el Reino de Dios"». ¿Cuál es el contexto de esta misteriosa palabra de Jesús?

El capítulo 22 del Evangelio de Lucas nos sumerge desde el principio en una atmósfera dramática. Resumo: primero nos enteramos de que los sumos sacerdotes y los escribas buscan la manera de eliminar a Jesús; luego Lucas nos dice que *Satanás entró en Judas Iscariote* (Lc 22,3 3). Varios versículos nos explican en detalle cómo Judas conspira con los sumos sacerdotes para entregarles a Jesús (Lc 22,3-7); Jesús envía a Pedro y Juan a reservar una sala y a hacer los preparativos para celebrar la Pascua. El rito pascual preveía el sacrificio de un cordero. Los discípulos se sientan alrededor de la mesa y, enseguida,

Jesús se dirige a ellos: «He deseado con gran deseo comer esta Pascua con vosotros antes de padecer». Las siguientes palabras de Jesús expresan de manera velada que esta será la última Pascua que celebrará con ellos hasta que se *cumpla plenamente en el reino de Dios*. A continuación, pronuncian las palabras que instituyen la Eucaristía con la instrucción a los apóstoles de perpetuarla en el futuro: «Haced esto en memoria mía».

Estas palabras adoptan la forma de un verdadero testamento: Jesús manifiesta su última voluntad y reparte su herencia entre los suyos. Esta última Pascua no es del todo como las que se han celebrado en el pasado: está destinada a cumplirse plenamente en el reino de Dios. Entre estos dos momentos, la celebración actual de la última Pascua con los apóstoles y su cumplimiento en el reino, se sucederán todos los acontecimientos de la Pasión y muerte de Jesús en la cruz, de su Resurrección y del derramamiento del Espíritu Santo.

Hablábamos del deseo de Jesús. No se trata del deseo de sufrir, aunque Jesús sabe lo que le espera, sino del deseo de celebrar la Pascua con los suyos. Ahora bien, esta Pascua *se cumplirá* en el Cielo, donde llegará a su fin: es, por tanto, una acción divina. El deseo de Jesús es que todos los suyos participen con él en el reino de Dios. Veamos ahora a estos discípulos de Jesús: escuchan palabras que aún les resultan incomprensibles: «Esto es mi Cuerpo entregado por vosotros; esta es la copa de la nueva Alianza en mi sangre derramada por vosotros» (Lc 22,19-20). Los discípulos solo lo comprenderán más tarde. El Cuerpo de Jesús ha sido entregado por todos nosotros; la Sangre de Jesús ha sido derramada por todos nosotros. Cuando se cumple en el Reino, la ofrenda de Cristo se convierte en sacramental. Y el poder dado a los suyos para celebrarla a su vez hace de cada celebración eucarística una ofrenda sacrificial para la salvación del mundo. Al comentar este misterio, el papa san Juan Pablo II ilustraba así el sacrificio de Cristo: «Jesús no solo afirmó que lo que les daba de comer y de beber era su Cuerpo y su Sangre, sino que también expresó su valor sacrificial, haciendo presente de manera sacramental su sacrificio, que se cumpliría en la Cruz unas horas más tarde para la salvación de todos» (encíclica *Ecclesia de Eucharistia*, n.12).

La segunda cita de la Escritura proviene del Libro del Apocalipsis: «He aquí que estoy a la puerta y llamo. Si alguno oye mi voz y abre la puerta, entraré

en su casa y cenaré con él, y él conmigo. Al vencedor le daré sentarse conmigo en mi trono, como yo,
después de mi victoria, me senté con mi Padre en su
trono. El que tenga oídos, que oiga lo que el Espíritu
dice a las Iglesias» (Ap 3, 20-22). Estar a la puerta de
alguien y llamar expresa el deseo de verlo y encon-
trarse con él. Jesús desea que le abramos la puerta (de
nuestra vida, de nuestro corazón) y que le dejemos
entrar en nosotros.

La imagen de la comida es una expresión de
comunión que recuerda la comunión de la comida
eucarística, una comunión que encuentra su plena
realización en el Reino (fijémonos en la evocación
del trono de Dios, signo de realeza). La dimensión
eucarística aparece desde el saludo a Cristo presente
en el primer capítulo: «Al que nos ama, que nos ha li-
berado de nuestros pecados con su sangre, que nos ha
convertido en un reino y en sacerdotes para su Dios
y Padre, a él, la gloria y la soberanía por los siglos de
los siglos. Amén» (Ap 1,5-6).

Las dos citas que he seleccionado tienen como
objetivo hacernos conscientes del deseo que Dios tiene de nuestro amor, para poder establecer entre Él y
nosotros una relación de comunión. Él simplemente

espera que le abramos la puerta y le dejemos sentarse a nuestro lado para compartir con nosotros el Pan y el Vino de la vida eterna.

Una invitación concluyente sobre este misterio eucarístico: la Iglesia ofrece al Padre el sacrificio amoroso del Hijo por la salvación del mundo. Podemos contemplar a la Virgen María en el gesto ritual de presentar a su hijo en el Templo y ofrecerlo a Dios. Si observamos a la Madre de Jesús al pie de la Cruz, vemos, a pesar del dolor, una aceptación de la voluntad de Dios de que el mundo sea salvado por la ofrenda que Jesús hace de su vida. Los Padres de la Iglesia a menudo han establecido un vínculo entre la lanza del soldado que traspasó el costado del Señor en la Cruz y la espada que traspasó el corazón de María, como había profetizado el anciano Simeón (Lc 2,33-35). Se puede decir que María, madre de los creyentes, tiene un corazón eucarístico.

El corazón misericordioso del sacerdote

El sacerdote está llamado a convertirse en un hombre misericordioso, a tener en sí mismo los mismos sentimientos que hay en el Corazón de Jesús. Esta misericordia es común al Padre y al Hijo. En la

Antigua Alianza, descubrimos que Dios está lleno de amor por su pueblo: lo corrige, pero también lo libera de sus enemigos y no lo persigue sin cesar con su ira. Algunos versículos del profeta Oseas ilustran esta realidad: «Mi corazón se conmueve dentro de mí, todas mis entrañas tiemblan. No daré rienda suelta a mi ira, no destruiré de nuevo a Efraín, porque soy Dios y no hombre, en medio de ti soy el Santo, y no vendré con furor» (Oseas 11,8-9).

El amor de Dios se manifiesta a través de su misericordia. ¿Por qué el ejercicio de su misericordia tiene su origen en lo que el profeta describe como el Corazón de Dios? ¿Cómo se pueden atribuir emociones a Dios («mi corazón se conmueve»)?

Resulta que a nosotros, criaturas humanas, nos resulta imposible representar la misericordia divina y expresarla fuera de imágenes sensibles. No podemos hacer otra cosa, porque la misericordia divina es tan grande, tan inconcebible, tan excesiva a nuestros ojos, que no podemos comprenderla en sí misma. Solo hemos podido hacernos una idea de ella por lo que Jesús nos ha revelado en sus actos, en su vida y en el sacrificio de su vida. Él fue al encuentro de los más necesitados; no solo de los que sufren, los pobres y los enfermos, sino, más concretamente, de los que se encuentran en la miseria del pecado. «Dios envió a su Hijo, no para juzgar al mundo, sino para que, por medio de él, el mundo fuera salvado» *(Jn 3,17)*. Dado que todo hombre es pecador, debemos incluirnos a nosotros mismos, a cada uno de nosotros, entre los destinatarios de la misericordia divina.

Por lo tanto, hay dos cosas que son necesarias para nosotros:

— ser conscientes de que necesitamos ser salvados y, por lo tanto, ser perdonados;

— y creer firmemente que Dios no tiene otro deseo que cada uno de nosotros acoja Su perdón.

Ya hemos hablado del pecado y de lo que realmente es: una ofensa a Dios. Si lo pensamos detenidamente, todo pecado es una ofensa a la justicia divina, ya que contradice los designios divinos. En el pecador, suele ir acompañado de penas, tristeza, divisiones, enemistades, culpa y soledad. Debilita nuestra capacidad de amar. Nuestro corazón se entristece. Ya experimentamos esto en las ofensas que cometemos unos contra otros; y se necesita una reconciliación para que volvamos a sentir alegría, amor y deseo de servir a nuestros hermanos: «si recuerdas que tu hermano tiene algo contra ti, antes de hacer tu ofrenda, ve primero a reconciliarte con tu hermano».

Sin embargo, sigue habiendo una dificultad: si es cierto que al ofender a nuestros hermanos hemos ofendido a Dios, ¿cómo recuperaremos nuestra fuerza para amar y nuestro entusiasmo inicial? Solo por iniciativa divina. Lo hemos ilustrado a lo largo de estos últimos días: mediante la Encarnación del Hijo eterno de Dios, mediante su obra de salvación y redención entre nosotros. Jesús no cesó de enseñar el perdón a sus discípulos y a las multitudes con las que se encontraba, e incluso hizo del perdón concedido la condición para que, a su vez, fuéramos perdonados por Dios. Hizo aún más: antes de abandonar este mundo y regresar a su Padre, confió a sus apóstoles el poder de perdonar los pecados, de perdonar las ofensas cometidas contra Dios, y para ello les envió el don de su Espíritu Santo. De este modo, Jesús perpetuó su presencia misericordiosa entre nosotros.

Este poder de perdonar los pecados, que normalmente es un atributo divino, los apóstoles y luego los obispos, sus sucesores, lo confiaron, me-

diante la ordenación sacerdotal, a sus primeros co-
laboradores, los sacerdotes. De este modo, se nos
ha ofrecido en la Iglesia la posibilidad de ser perdonados en el sacramento de la Reconciliación. Y
a todos los que son (y serán) ordenados sacerdotes
se les ha ofrecido la posibilidad de concederlo a los
pecadores penitentes. Así es como nos convertimos
en ministros de la misericordia de Dios. Pero este
ministerio no es una práctica mágica. Si el sacerdote transmite sacramentalmente el perdón del Señor,
está llamado de manera especial a hacer suyos los
sentimientos de Cristo:

— tener profunda compasión por aquellos que
viven en la esclavitud del pecado y desean li-
berarse de él;

— tener ellos mismos a la vez un verdadero odio
por lo que ofende a Dios (el mal del pecado)
y un gran amor por los pecadores;

— tener una actitud paternal hacia el penitente,
hecha de paciencia y deseo de ayudarle;

— no atraer al penitente hacia el sacerdote mismo, sino conducirlo al Señor;

— no olvidar nunca que él también es un pecador que necesita ser perdonado;

—recordar la forma en que Jesús se comportaba con los pecadores.

—Está llamado a convertirse en el Padre del Hijo Pródigo, que corre al encuentro de su hijo perdido y lo libera de su culpa *abrazándolo y cubriéndolo de besos*, como nos dice san Lucas (Lc 15,20).

—Evidentemente, el sacerdote nunca podrá igualar la misericordia del Señor, pero está llamado a inspirarse en Jesús, a crecer en el amor y la fidelidad a su misión: en una palabra, a convertirse cada día más en un corazón misericordioso.

—Nunca debe olvidar que el acto sacramental que realiza es verdaderamente el perdón de Dios.

Para acompañar vuestra oración, os aconsejo releer todo el capítulo 22 del Evangelio de Lucas, que va desde la traición de Judas hasta la comparecencia de Jesús ante el sanedrín.

VIII.

El sacerdote y la Iglesia

Esta última meditación, antes de concluir nuestro retiro, está dedicada a una cuestión difícil: la Iglesia. Examinaremos la relación que el sacerdote mantiene con Ella. Como ya habéis experimentado de muchas maneras, la Iglesia es un lugar de alegría y gracia. A través de Ella, todos nuestros esfuerzos se vuelven fructíferos, si se realizan en unión con el Señor Jesús. En Ella escuchamos la Palabra de Dios, que la Iglesia interpreta con autoridad; comulgamos con el Cuerpo y la Sangre del Señor; vivimos momentos de intensa alegría en la vida fraterna.

Por otra parte, a veces la Iglesia es también un lugar de prueba, porque todavía no es la Iglesia del

Cielo. Es, como dice el Concilio Vaticano II, *sancta et semper reformanda (santa y siempre necesitada de reforma)*. La Iglesia es un misterio que solo se conocerá perfectamente en el Cielo, que es su destino último. Santa por su naturaleza y por la santa Presencia de Dios, pero que, en su seno, con excepción del mismo Señor Jesús y de su madre, la Santísima Virgen María, solo comprende pecadores. La Iglesia debe ser purificada constantemente.

Aquí abajo, el camino eclesial se basa en un acto de fe. La Iglesia, de la que cada uno de nosotros es miembro, es el lugar de nuestra vida cristiana, lo que supone por nuestra parte un vínculo filial. Todos somos hijos de la Iglesia, verdad muy fácil de comprender si pensamos que es por el bautismo como entramos en la Iglesia, y que este sacramento de iniciación cristiana se confiere en la mayoría de los casos a niños muy pequeños. En la vida adulta, a veces es difícil evitar las preguntas profundas, las dudas, los motivos para escandalizarnos por tal o cual hecho. A veces nos cuesta soportar a quienes tienen autoridad sobre nosotros: los superiores religiosos, los obispos, los responsables de nuestra formación. Como comprenderéis, la Iglesia es el lugar donde nos encontramos con todas las luchas espirituales que ya encontramos fuera de ella.

Entonces, ¿por qué sufrimos más en la Iglesia las dificultades que encontramos en la vida civil y que a veces ni siquiera nos sorprenden? Os ofrezco, a modo de testimonio, una respuesta que escuché personalmente de la santa Madre Teresa de Calcuta. En 1986 vino a pasar dos días a Paray-le-Monial. Durante una sesión internacional organizada por la Comunidad del Emmanuel, se reunió con todos los grupos de fieles: jóvenes, matrimonios, seminaristas, hermanas consagradas, adolescentes, personas mayores, enfermos. Toda la prensa estaba presente. Ella respondía pacientemente a todas las peticiones de entrevista. Un periodista de televisión le hizo una pregunta que sin duda pretendía ser un poco provocadora: «Madre Teresa, en su opinión, ¿qué es lo que no funciona bien en la Iglesia?» La Madre Teresa guardó silencio durante un momento y luego, mirando al periodista con amabilidad, respondió simplemente: «Usted... y yo».

Es una respuesta extraordinaria, una verdadera síntesis teológica. Lo que no funciona en la Iglesia es el pecado de sus miembros, de todos sus miembros, ya que todos son pecadores. Esto significa que nadie corresponde exactamente al designio de Dios de que todos sean uno, como Él, Jesús, es uno con el Padre y el Padre es uno con Él. Una vez que comprendemos esto, nos damos cuenta de que no es la Iglesia la que está mal. Al contrario, comprendemos que es verdaderamente santa, de la santidad de Aquel que la hizo nacer, Dios Padre, Hijo y Espíritu Santo. El Padre, porque nos ha destinado a todos a reproducir la imagen de Su Hijo, Primogénito de todas las criaturas; el Hijo que dio origen a la Iglesia en la Cruz; y el Espíritu Santo, Espíritu del Padre y del Hijo, enviado a los discípulos reunidos en el momento de Pentecostés. La Iglesia no es una fundación humana, sino una iniciativa divina. Por eso estamos llamados a amar a la Iglesia con todo nuestro corazón, incluso si se convierte para nosotros en un lugar de prueba. Esta es, y seguirá siendo, la paradoja de nuestra vida de sacerdotes y futuros sacerdotes.

¿Cuáles son los motivos de sufrimiento más comunes? El primero es sin duda la desunión, todo lo que afecta a la unidad de la Iglesia, que es una, santa, católica y apostólica. Las agresiones a la unidad de la Iglesia nos escandalizan, pero lo que más nos molesta son las faltas de unidad causadas por los otros. Y cuando pensamos en las rupturas de la unidad, pensamos inmediatamente en los diferentes cismas que han marcado la historia de la Iglesia. Olvidamos fácilmente que nuestras propias faltas también debilitan en cierta medida al Cuerpo entero de la Iglesia.

Por el contrario, en algunas ocasiones privilegiadas experimentamos la unidad de la Iglesia: en algunas grandes fiestas religiosas (la fiesta de Navidad, por ejemplo), o en peregrinaciones o al término de algunas ceremonias de reconciliación, cuando se ofrece además la posibilidad de confesarse individualmente. Recuerdo las ceremonias penitenciales celebradas al inicio del Adviento o al comienzo de la Cuaresma, en el Seminario Francés de Roma, donde recibí mi formación como seminarista. En las horas siguientes, todo el ambiente del seminario se transformaba, se volvía tranquilo y alegre. Todos sentíamos una paz profunda.

Cuando recibimos personalmente el sacramento del perdón, nuestra propia visión de la Iglesia cambia y nuestro corazón vuelve a ser alegre y libre para amar.

¿Cómo reaccionar cuando llegan estos momentos difíciles y sentimos que nuestra oración no es suficiente? Un consejo que puede ser muy útil: intentemos considerar a la Iglesia en toda su dimensión, sin quedarnos solo con la institución. La Iglesia es, por supuesto, lo que vemos aquí abajo. Es una institución muy visible. Pero la dimensión más importante de la Iglesia es invisible: es la Iglesia del Cielo, que comprende a todos los santos y a todos los elegidos a lo largo de los siglos. Cuando pensamos en la Iglesia del Cielo, comprendemos que, en realidad, la Iglesia ya está salvada. Cristo es vencedor; ya ha vencido a la muerte y a lo que conduce a la muerte, el pecado. La victoria es un hecho histórico: se obtuvo en el momento de la Resurrección de Cristo Señor. Este pensamiento de la victoria de Jesús, ya definitivamente obtenida, es muy eficaz para vencer el pesimismo, la tristeza y la angustia del mal y de la muerte, los pensamientos descabellados que nos sugieren que la Iglesia puede desaparecer o que va a desaparecer. La Iglesia en todo su ser no puede desaparecer: para convencernos de ello, hay que hacer realmente un acto de fe en la victoria del Redentor.

Hay también una profunda convicción que me habita y que comparto con vosotros. En nuestra vida, los sufrimientos vividos en la Iglesia, y en algunos casos los sufrimientos causados por quienes tienen autoridad sobre nosotros, tienen un valor redentor particular si se viven unidos a Cristo, si se confían al Corazón de Cristo. En efecto, recordemos que Cristo Jesús sufrió especialmente por las ofensas a la comunión que anticipaba la comunión eclesial: la traición de un apóstol, uno de los Doce; la negación de otro apóstol, destinado sin embargo a gobernar la Iglesia; la huida de todos los demás, excepto Juan, en el Huerto de los Olivos; el revuelo de las multitudes contra Jesús, entre el episodio de las palmas y la liberación de Barrabás a cambio de Jesús; y, más tarde, todas las divisiones posibles en el Cuerpo de la Iglesia por la que Jesús ofreció su vida y a la que ofreció su Espíritu Santo. Hay un misterio particular, misterio a la vez de maldad y de redención, en los sufrimientos vividos por causa de la Iglesia. Considerad, si queréis, la dificultad que tantos santos han experimentado en su relación con la autoridad de la Iglesia: Santa Teresa de Ávila (leed sus *Fundaciones*), Padre Pío (su *Diario)* y tantos otros.

Todo lo que altera la unidad en esta «*Familia de Dios*» que es la Iglesia (según la expresión de la exhortación *Ecclesia in Africa* del Papa Juan Pablo II) es un ataque al Espíritu Santo, que es Espíritu de amor.

El Papa Benedicto XVI escribió:

«El Espíritu Santo no puede expresar otra cosa que el amor que une al Padre y al Hijo: en Jesucristo, Dios mismo se hizo hombre y nos permitió, por así decirlo, echar un vistazo a la intimidad de Dios mismo. Y vemos allí algo totalmente inesperado: en Dios existe un Yo y un Tú. El Dios misterioso no es una soledad infinita, es un acontecimiento de amor. Si, a partir de la mirada sobre la creación, pensamos poder vislumbrar al Espíritu creador [...] ahora lo sabemos: el Espíritu creador tiene un corazón. Es Amor. Existe el Hijo que habla con el Padre. Y ambos son uno en el Espíritu [...] A través de Jesús, echamos, por así decirlo, una mirada a la intimidad de Dios (Benedicto XVI, Discurso en el Encuentro con los Movimientos Eclesiales y las Nuevas Comunidades, 3 de junio de 2006, víspera de Pentecostés)».

A la luz de todo lo que hemos dicho durante estos días sobre el tema del corazón, medimos la audacia simbólica de la expresión *El Espíritu creador tiene un corazón*.

Todo esto va en la misma dirección: en Dios no se encuentra otra cosa que un Amor infinito. Es esta convicción la que debe, o deberá, inspirar y orientar sin cesar nuestra vida de sacerdotes.

Propongo concluir esta meditación con la siguiente oración del venerable Pierre Goursat, fundador de la comunidad del Emmanuel:

«Corazón de Jesús, en el que se reúnen todos los tesoros de la sabiduría y la ciencia; Corazón de Jesús, ¿a quién podríamos acudir? ¡Tú tienes las palabras de la vida eterna! Jesús, dulce y humilde de corazón, Jesús, lleno de ternura y compasión. Es contigo con quien voy a reunirme; es en ti donde estoy feliz de descansar; y es en ti en quien confío. Sé de quién me he fiado».

Conclusión general

Hemos llegado al final de nuestra semana de retiro. El título «Conclusión general», como podéis imaginar, está muy mal elegido. De hecho, lo que va a suceder ahora es todo lo contrario a una conclusión. Es, en efecto, una apertura de toda nuestra existencia a una nueva vida con el Señor. Hoy entramos en lo desconocido de Dios. Aceptamos ser guiados por Él, donde Él quiera y cuando Él quiera.

Al final de un retiro, a la alegría de estos días dedicados por completo al amor de Dios se mezclan a veces sentimientos de nostalgia. Hay que bajar de la montaña, retomar nuestras actividades, salir del silencio al que nos hemos acostumbrado. Todo esto es normal.

Es útil repasar un poco el camino recorrido juntos.

Desde el principio, hemos deseado vivir estos días con el Señor y bajo su mirada. En cierto modo, le hemos invitado a permanecer entre nosotros. Su presencia se nos ha manifestado de manera particular a cada uno, pero también ha dado fuerza a nuestra comunidad fraterna: su Palabra, escuchada y meditada cada día, junto a la Eucaristía en la que hemos participado, recibiendo el Cuerpo y la Sangre de Cristo. Por fin, hemos intentado escucharlo en el silencio y también hablarle. Quizás le hemos dicho lo que no le decimos a nadie más, todo lo que alimenta en el Corazón de Jesús «el secreto del Rey». Recordemos ese pasaje del Apocalipsis en el que, al final de los tiempos, el Señor da a cada uno de sus elegidos una piedra blanca con un nombre escrito que solo Él y aquel a quien se le da conocen: «Al que venciere, le daré del maná escondido, y le daré una piedrecita blanca; y en la piedrecita está escrito un nombre nuevo, que nadie conoce sino aquel que lo recibe» (Ap 2,17).

Hemos elegido utilizar como hilo conductor a lo largo de nuestras meditaciones la imagen y la realidad del *corazón*, símbolo real del amor, y también de la interioridad de la persona, de sus deseos, de sus sentimientos y de sus decisiones. La palabra *corazón* nos ha servido para esclarecer la vida de Dios mismo, partiendo de la interioridad de la persona de Jesucristo, el Hijo eterno de Dios. Hemos podido hacerlo gracias a todo lo que Jesús nos ha revelado de sí mismo, en sus enseñanzas, en todas las acciones de su ministerio público, en el acto supremo que realizó al ofrecer su vida por cada uno de nosotros: «No he venido a juzgar al mundo, sino a salvarlo» (Jn 12,47). El término *corazón* nos ha permitido evocar esta relación única del cristiano con Dios: se trata de un corazón a corazón, si es cierto que el objetivo de nuestra vida de bautizados, de discípulos de Cristo y de futuros ministros de sus misterios, es estar unidos a Él en el amor. Esta es y será la clave de nuestra vida: ¿qué queremos realmente? ¿A quién queremos complacer? A Cristo Señor. En todos nuestros exámenes de conciencia, la pregunta decisiva es siempre preguntarnos: ¿he querido complacer a mi Dios? ¿En qué le he podido desagradar?

Entonces comprendemos que la batalla decisiva se libra en nuestros corazones. Como sabemos bien lo que con demasiada frecuencia habita en nuestros corazones, hemos meditado sobre la necesidad de convertirnos, de cambiar nuestros corazones, obra que supera nuestras fuerzas y solo es posible para Dios. Dios purifica nuestros corazones, tanto en sus estados pasivos (sentimientos, emociones) como en sus intenciones y decisiones (su actividad). El Espíritu Santo de Dios orienta nuestro corazón hacia las cosas esenciales, hacia Dios y hacia el bien que Él nos inspira.

Así nos hemos preparado para contemplar un corazón a la vez humano y divino, el Corazón del Señor Jesús. Hemos intentado contemplar en la Escritura lo que encierra ese corazón: compasión y misericordia, unión con la voluntad de su Padre. Poco a poco creció en nosotros la certeza de que Jesús es el Maestro de nuestros corazones, que solo Él puede guiarnos: «Cargad mi yugo sobre vosotros y aprended de mí que soy manso y humilde de corazón, y hallaréis descanso para vuestras almas» (Mt 11,29). Toda una vida no basta para agotar las riquezas de este Corazón de Jesús, habitado por tanto amor hacia los hombres y, concretamente, por tanto amor hacia cada uno de nosotros.

Como el amor presente en el Corazón de Jesús no es solo un amor humano, sino también un amor divino, hemos intentado dar un nuevo paso hacia él para acoger la revelación de los tesoros del Amor divino que ocupan el Corazón de nuestro Maestro. Hemos dado este paso acompañando al discípulo amado en la Última Cena y al pie de la Cruz. Hemos intentado medir los sufrimientos del abandono, de la Pasión, del Calvario. Lo hemos hecho al pie de la Cruz: en presencia de María, con el corazón traspasado por una espada, y en presencia de Juan, que había escuchado los latidos de Jesús en el momento de la Cena, hemos contemplado al Hijo de Dios aniquilado y dado a muerte por el pecado de todos los hombres. «A tus manos, oh Padre, encomiendo mi espíritu» (Lc 23,46).

Gracias al testimonio de Juan, hemos meditado sobre el don de la vida divina que Jesús nos hizo cuando ya estaba muerto: de su costado traspasado por la lanza del soldado romano brotaron sangre y agua. Antes de esta contemplación, tuvimos que preparar aún más profundamente nuestro corazón tomando conciencia de los obstáculos al amor, de las ofensas a Dios, que llamamos «pecados» y que son la verdadera tragedia de nuestras vidas.

A la luz de todo lo anterior, hemos querido centrar nuestra atención en nuestra vocación de servir a la Iglesia como sacerdotes, partiendo de dos citas muy esclarecedoras. La primera fue del profeta Jeremías: «Os daré pastores según mi corazón» (Jer 3,15). La segunda viene del santo Cura de Ars, patrón de todos los sacerdotes: «El sacerdocio es el amor del Corazón de Jesús». Hemos meditado sobre la Gran Oración Sacerdotal de Jesús y también sobre el recordatorio de Benedicto XVI, de que Cristo espera que aspiremos constantemente a la santidad. San Juan María Vianney nos ha ayudado a comprender mejor la grandeza del sacerdocio. Siguiendo su espiritualidad, nos hemos detenido sobre lo que es el corazón de un sacerdote, contemplando las dos actividades más importantes que está llamado a realizar: la celebración de la Santa Misa y la confesión sacramental. Por este motivo, pudimos evocar, por un lado, el corazón eucarístico del sacerdote. El sacerdote se une al Sacrificio del Señor, se ofrece también a sí mismo. También hemos hablado del corazón misericordioso del sacerdote, llamado a amar a los pecadores, a escucharlos, a guiarlos hacia una penitencia llena de esperanza y a ayudarlos a creer que Cristo realmente les perdona sus pecados.

Por último, hemos querido abordar una de las cuestiones más presentes en nosotros y, sin duda, una de las más delicadas desde el punto de vista espiritual: el misterio de la Iglesia. ¿Cuál es nuestra relación con la Iglesia, en la que hemos entregado nuestra vida, pero que a veces es motivo de dudas y sufrimientos?

Al término de este denso y rico recorrido, en el que sin duda se podrían haber abordado otros temas importantes, me gustaría que permanecieran siempre presentes en nosotros los siguientes puntos:

— Dios es infinitamente bueno. Es bueno Cristo Señor, a quien queremos configurar nuestras vidas, pues Jesús es Cristo Sacerdote. Pero también es bueno el Padre, al que el Hijo está eternamente unido. Y, finalmente, es bueno el Espíritu Santo de Dios, que es todo Amor. En cuanto al Padre, tened claro que el Padre no es menos bueno que el Hijo: no tenemos por un lado a un Hijo que nos salva y por otro a un Padre que nos juzga. El Padre y el Hijo están unidos en la misma intención de salvarnos y asociarnos a su amor.

— Cada uno de vosotros debe tener en su corazón esta certeza: Dios me ama; lo ha demostrado ofreciendo su vida también por mí, que soy uno de los pecadores que Él ha salvado con la sangre de la Cruz.

—Soy pecador, sin duda, pero no estoy solo: el Señor me ofrece su gracia en todo momento. Él es el Señor de mi vida, es mi amigo en todo momento.

—Para saber si realmente hemos recibido el amor de Dios, preguntémonos qué sentimientos tenemos hacia nuestros hermanos y, más allá de aquellos a quienes conocemos y amamos, hacia aquellos que nos son ajenos, a veces hostiles.

—Tarde o temprano en nuestra existencia, nos enfrentaremos a esta invitación paradójica que Jesús nos exhorta a vivir, siguiendo su enseñanza sobre las bienaventuranzas: amar a nuestros enemigos (Mateo 5). Para ayudarnos, pensemos en la razón que daba santo Tomás de Aquino para amar al enemigo. En esencia, respondía que esto es lo que Jesús hace constantemente con los pecadores, porque pecar contra Dios es comportarse como enemigos suyos. Lo que también puede ayudarnos en nuestras relaciones difíciles es pensar que el Señor dio su vida, amándolos infinitamente, por aquellos que acaso nos hacen sufrir. Recemos, pues, por nuestra conversión y por la suya.

Si las intenciones de vuestro corazón os han traído hasta aquí, entonces entrad en esta relación especial con Jesús, que consiste en estar junto a Él como consoladores por los sufrimientos que ha padecido y sigue padeciendo a causa del endurecimiento del corazón de los pecadores. Para reparar el Corazón de Cristo, herido por la ingratitud de los hombres, Él nos llama a devolverle *amor por amor.*

Durante su primera aparición a santa Margarita María, Jesús le dijo: «Mi divino corazón está tan apasionado de amor por los hombres y por ti en particular. Tengo sed, ardo en deseos de ser amado» (Primera Gran Aparición). El amor de Jesús es un amor sufriente. Jesús expresa así su queja: «Solo recibo ingratitud e indiferencia».

La reparación es como una respuesta a la pregunta que Jesús le hizo a la santa religiosa del Monasterio de la Visitación en Paray-le-Monial: «¿Y tú, quieres amarme por aquellos que no me aman, adorarme por aquellos que no me adoran? ¿Alabarme por aquellos que son ingratos?»

Los dos términos, *ingratitud* e *indiferencia,* se refieren a la actitud de los hombres hacia el don que el Señor ha hecho de su vida, más particularmente en ese sacramento de amor que es la Eucaristía. «Lo que más me duele es que sean los corazones que me están consagrados los que actúen así» (Tercera Gran Aparición).

La reparación no es solo individual, sino que también tiene una dimensión colectiva. Todos pertenecemos al Pueblo de Dios, compuesto por pecadores, ingratos e indiferentes. Pensemos en algunas eucaristías celebradas sin recogimiento, de manera superficial. Todos estamos llamados a ofrecer al Señor *amor por amor*. Como sacerdotes, debido a los misterios en los que Jesús se ha dignado hacernos participar, esta llamada de Jesús nos concierne especialmente.

Os recuerdo las cinco peticiones expresadas por Jesús a Santa Margarita María y que constituyen el proceso de reparación: honrar la imagen de su Corazón; comulgar frecuentemente; honrar el primer viernes del mes participando en la misa; vivir la hora santa uniéndose el jueves por la noche durante una hora a los sufrimientos de Jesús en el Huerto de los Olivos (Mt 26,38: «*Mi alma está triste hasta la muerte*»); la institución de una fiesta en honor al Sagrado Corazón de Jesús.

Esta fiesta fue establecida por la Iglesia en forma de solemnidad litúrgica que se celebra en todo el mundo, para que la devoción al Sagrado Corazón conozca así una difusión universal. Se celebra en la octava de la fiesta del Santísimo Sacramento. El 23 de agosto de 1856, el beato papa Pío IX extendió a toda la Iglesia católica la fiesta del Sagrado Corazón y la inscribió en el calendario litúrgico universal. En 1899, el papa León XIII consagró a la humanidad al Corazón de Jesús. El 29 de enero de 1929, Pío XI compuso una nueva misa y un nuevo oficio litúrgico del Sagrado Corazón, haciendo referencia explícita a esta fiesta y al mensaje de Jesús a santa Margarita María.

Queridos amigos, antes de despedirnos, os propongo una oración de consagración al Sagrado Corazón de Jesús y al Inmaculado Corazón de María. Como sabemos, estos dos corazones están profundamente unidos. María es la Santa e Inmaculada Concepción, es la Madre de los creyentes. Ella nos inspira el acto de fe más puro que jamás haya realizado una persona; también se unió constantemente a los sufrimientos de su Hijo, hasta llegar al pie de la Cruz.

¡Oh Sagrado Corazón de Jesús!
¡Oh Corazón Inmaculado de María!
Fuente sobreabundante de aguas vivas
del Espíritu Santo y de la caridad de Dios

Nos consagramos y os ofrecemos
con toda sumisión y amor, nuestras mentes
   y nuestros cuerpos,
nuestras almas y nuestros corazones
nuestros bienes internos y externos,
todo lo que somos y todo lo que tenemos.

Os suplicamos que hagáis de cada uno de
   nosotros
verdaderos amigos del Señor
para servirle algún día, si tal es su divina
   voluntad,
como ministros de Su Cuerpo y
   de Su Sangre
y ser siempre fieles servidores
   de Su Palabra.

Os pedimos que estemos siempre atentos
a las necesidades de nuestros hermanos
especialmente de aquellos que sufren en
   su cuerpo o en su alma
y les brindemos ayuda y esperanza
siguiendo el ejemplo del Corazón
   compasivo y misericordioso del Señor.

Corazón Sagrado de Jesús, ¡confiamos en Ti!
Inmaculado Corazón de María, ¡intercede
por nosotros!

Últimos títulos publicados

(www.editorialdidaskalos.org)

Suscríbase en nuestra web para recibir las mejores promociones

Didaskalos

103 MARÍA COMO DIOS LA CONOCIÓ
     Martin Steffens

102 ESPERANZA RADICAL
     Ética frente a la devastación cultural
     Jonathan Lear

101 LOS MÁRTIRES QUE NO FUERON
     Melchor Sánchez de Toca

100 CORAZÓN DE CRISTO
     Amor salvador, amor salvado
     José Granados

99   HONRAR LA CARNE
     José Granados y Stefan Zarnay

98   BIBLIA Y LITURGIA
     La teología bíblica de los sacramentos
     y de las fiestas en los Padres de la Iglesia
     Jean Danielou

97   REDENTOR DEL HOMBRE
Félix Rodríguez Barbero

96   LOS 21
Viaje al país de los mártires coptos
Martin Mosebach

95   MARCOS
Comentario contextual al segundo Evangelio
Klemens Stock

94   JESÚS, BONDAD DE DIOS
Meditaciones sobre el Evangelio de San Lucas
Klemens Stock

Didaskalos *Cor ad Cor*

9   DE FUENTE A FUENTE Y TIRO
PORQUE DESBORDA LA CORRIENTE
Francisco Vidal

8   VIVE A CORAZÓN ABIERTO
Juan Antonio Granados

7   DE BRAZO EN BRAZO
25 abrazos del Niño Jesús a los Santos
Francisco Vidal

6   CON LOS PIES EN LA LUNA
Francisco Vidal

5   DEL DESIERTO AL JARDÍN
El camino de la Pascua
Francisco Vidal

Didaskalos Pedagogía

15 SOBRE LA EDUCACIÓN
Alasdair MacIntyre

14 NUDO Y DESENLACE
Grandes relatos para desatar la adolescencia
Ignacio Serrada, Jorge Valero y Juan Antonio Granados (eds.)

13 ¿Y AL MAESTRO QUIÉN LE HACE?
Carlos Díaz

12 LITERATURA Y FORMACIÓN ÉTICA
Alfonso López Quintás

Didaskalos Profamilia

7 ENGENDRAR UN HIJO
Pierpaolo Donati

6 LA AVENTURA DE SER PADRE
O LA ESPERANZA DE SER SORPRENDIDO
John McCarthy

Didaskalos Literatura

16 LA DANZA DEL OSO
Sergico C. Yáñez

15 TODOS LOS CAMINOS CONDUCEN
A CLAUDIA
Juan Ignacio Izquierdo Hübner

Colección *Veritas Amoris*

3   MISTERIO DE COMUNIÓN
    Eucaristía, Matrimonio e Iglesia Sacramento
    Leopoldo Vives, dcjm

Colección *Grandes Palabras*

3   EDADES DE LA VIDA
    Marta Casas, Virginia Cagigal

Colección *Escuela de la palabra*

10 EL APOCALIPSIS DE JUAN
    El fin y la consolación
    Salvador Villota Herrero, O. Carm.

Didaskalos Infantil

5   EL CAPITÁN CHOCOLATE
    Cristián Sahli Lecaros